Prix : 0 fr. 75

L'Arsenal
du Tempérant

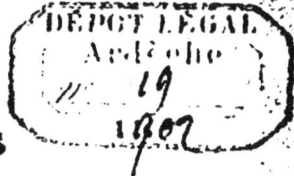
12344

RAPPORTS

PRÉSENTÉS A LA

CINQUIÈME ASSEMBLÉE GÉNÉRALE BISANNUELLE

DE LA

SOCIÉTÉ FRANÇAISE DE TEMPÉRANCE

DE

LA CROIX-BLEUE

DU 19 AU 22 SEPTEMBRE 1901

à St-ÉTIENNE

PARIS

AGENCE DE LA SOCIÉTÉ FRANÇAISE DE TEMPÉRANCE
DE LA « CROIX BLEUE »
33, RUE DES SAINTS-PÈRES, 33

1902

Le vin est moqueur, les boissons fortes sont tumultueuses. Quiconque en fait excès n'est pas sage.   (PROVERBES, XX, 1).

Si ton œil droit est pour toi une occasion de chute, arrache-le et jette-le loin de toi, car il est avantageux pour toi qu'un seul de tes membres périsse et que ton corps entier ne soit pas jeté dans la géhenne.   (MATTHIEU, V, 29).

Ne faites rien qui soit pour votre frère une pierre d'achoppement ou une occasion de chute.
                                    (ROMAINS, XIV, 13).

Ne vous enivrez pas de vin, dans lequel il y a de la dissolution, mais soyez remplis de l'Esprit.
                                    (EPHÉSIENS, V, 18).

La Société Française de Tempérance de la Croix-Bleue a pour but principal de travailler, avec l'aide de Dieu et de sa Parole, au relèvement des victimes de l'intempérance.

Convaincue par l'expérience que le renoncement absolu à toute boisson enivrante est, avec l'aide de Dieu, le meilleur et le plus sûr moyen de guérir les buveurs, la Société exige de ses membres et adhérents l'abstinence complète de toute boisson enivrante, sauf usage religieux ou prescription médicale. Elle n'entend cependant pas condamner par là l'usage strictement modéré des boissons fermentées, chez ceux qui ne font pas partie de la Société.

L'ARSENAL DU TEMPÉRANT

L'ARSENAL
DU TEMPÉRANT

RAPPORTS

PRÉSENTÉS A LA

CINQUIÈME ASSEMBLÉE GÉNÉRALE BISANNUELLE

DE LA

SOCIÉTÉ FRANÇAISE DE TEMPÉRANCE

DE

LA CROIX-BLEUE

DU 19 AU 22 SEPTEMBRE 1901

à St-ÉTIENNE

PARIS

AGENCE DE LA SOCIÉTÉ FRANÇAISE DE TEMPÉRANCE
DE LA « CROIX BLEUE »
33, RUE DES SAINTS-PÈRES, 33

1902

UN GRAND MAL SOCIAL

L'ALCOOLISME SOURCE DE LA TUBERCULOSE [1]

———

Le but des Congrès comme celui-ci n'est pas seulement de se réconforter mutuellement, de faire connaissance plus ample, mais c'est aussi de créer parmi les populations où l'on se réunit un courant de sympathie à l'œuvre de la *Croix bleue*. Cette œuvre, vous la connaissez presque tous, et cependant je dois vous en dire un mot. Votre Président vous a parlé tout à l'heure de cette multitude de maux, maux moraux, maux physiques, qui s'abattent sur l'humanité et l'on vous a dit que nous devions, pour supprimer ces maux de la surface du globe, unir nos forces, nos énergies et nos personnes.

Votre Président faisait allusion à deux des principaux d'entre eux, d'une part *l'Alcoolisme*, d'autre part la *Tuberculose;* il vous disait que pour guérir ceux qui souffrent de l'un quelconque de ces deux grands maux, l'alcoolisme surtout, il fallait aimer ceux qui en souffrent et se vouer, dans une certaine mesure, à leur relèvement. Eh bien! c'est à ce relèvement que se sont voués les membres de la *Croix bleue;* ils vont chercher très loin, très bas, les hommes qui sont tombés, dégradés par le vice de l'ivrognerie, puis ils les relèvent, véritables sauveteurs dans la circonstance, avec de chaudes paroles, avec des encouragements, et ils se servent alors de deux moyens, l'exemple de l'abstinence et l'idée religieuse, deux leviers puissants aux

(1) Texte ramené à une forme populaire, de la conférence scientifique et documentée faite par M. le Dr Legrain, à l'Assemblée solennelle de la *Croix bleue*, à Saint-Étienne.

1

mains de ceux qui peuvent s'en servir. Voilà le but général de la *Croix bleue*. Je n'ai pas à vous parler de son œuvre, de son extension difficile mais progressive; beaucoup d'entre vous en font partie et en connaissent mieux que moi le mécanisme et l'histoire. Vous jugerez par la suite s'il y a de la témérité à s'exagérer son rôle.

Aujourd'hui mes amis de la *Croix bleue* m'ont demandé de traiter comme sujet de conférence dans cette grande ville, un sujet très actuel : *Alcool et Tuberculose*. Pourquoi? Eh bien! vous n'êtes pas sans savoir que depuis un certain nombre d'années, c'est dans notre pays, comme dans tous les pays circonvoisins, une véritable levée de boucliers contre le grand mal de la Tuberculose. De tous côtés on ne parle que de la tuberculose, de la Phtisie. Il semblerait que cette maladie, tant on s'en occupe à l'heure présente, est une découverte moderne; on ne dirait pas que les plus vieux livres des observateurs nos ancêtres, parlent de la Phtisie; on dirait que ces livres n'ont pas décrit ces gens qui meurent petit à petit, pâles, amaigris, toussant et finissant par disparaître minés par la consomption, souvent à la fleur de l'âge.

Pourquoi subitement ce regain d'efforts contre un pareil mal? Je n'ai pas l'intention de m'appesantir beaucoup sur ce point de la question que j'ai déjà traité à Saint-Étienne, car aujourd'hui je voudrais être surtout très pratique, et vous faire toucher du doigt l'importance réciproque de ces deux facteurs : d'une part la *Tuberculose*, et d'autre part l'*Alcoolisme*. Mais je puis vous dire en passant que, si la Tuberculose est aujourd'hui l'objet de préoccupations nombreuses et retentissantes, c'est que ce mal semble bien s'être développé un peu plus dans ces dernières années depuis que, précisément, l'*Alcool* est venu jouer dans la société un rôle néfaste. Vous comprendrez à merveille tout à l'heure l'importance de ce facteur qui est venu donner à la maladie appelée *Phtisie* une valeur et une importance nouvelles en favorisant d'une part son éclosion, d'autre part son développement, car l'Alcool est bien la cause principale de cette Tuberculose, que l'on cherche à enrayer et qui tue 150.000 Français par année.

Partout vous trouvez des traces d'inquiétude à l'égard de

ce mal. De tous côtés on sollicite les pouvoirs publics et les pouvoirs publics ne se font pas faute d'intervenir; les différents ministres ont demandé aux administrations qui relèvent de leur autorité ce qu'elles font pour lutter contre la Tuberculose; ils ont questionné les médecins des Asiles, des Hopitaux d'une part, d'autre part les Administrations de l'Assistance publique, des Chemins de fer, des Postes, les compagnies de Navigation, des Omnibus, des Tramways. Tous et toutes ont répondu qu'on se préoccupait vivement de la Tuberculose et que l'on prenait des mesures énergiques. On ne parcourt pas les lignes de Chemins de fer, on n'entre pas dans les voitures publiques sans voir affiché, d'une façon bien timide, il est vrai! « *Prière de ne pas cracher à terre.* » On a vu dernièrement le Conseil municipal de Paris entrer à son tour en action et faire placarder, dans tout Paris, des affiches rappelant que la Tuberculose a son origine dans les crachats et engageant les Parisiens à ne pas cracher à terre. Vous savez combien cette intervention a soulevé de plaisanteries dans le grand public, dans la Presse. On plaisante tout, même ce qui est sérieux, et, à l'heure actuelle, les affiches ont disparu. On continue à cracher à terre comme par le passé, et, ce faisant, on fait beaucoup de mal à soi-même et à son entourage.

Tous ces faits vous montrent combien la tuberculose est à l'ordre du jour.

Avant de vous tracer une sorte de parallèle entre ces deux maladies *Tuberculose* et *Alcoolisme;* avant de vous montrer quels sont les liens qui les unissent l'une à l'autre, je vous dirai très rapidement l'histoire de ces deux maladies.

I

Qu'est-ce donc que la Tuberculose?

Beaucoup de gens prononcent ce mot, beaucoup de gens parlent de la phtisie sans s'en faire une idée exacte. On a bien devant les yeux le tableau, par certains côtés si poétisé, du tuberculeux qui s'en va mourant, triste, pénible à voir, tirant les larmes, ce malheureux qui va s'amaigrissant de jour en jour; mais en réalité on ne se fait pas une idée nette de la maladie.

Pour le médecin la Tuberculose est une maladie parfaitement connue dans son essence, mais seulement depuis tantôt quarante ans. Vers 1860 un médecin français, Villemain, membre de l'Académie de médecine, eut l'idée, un beau jour, d'inoculer à certains animaux vivants des produits que l'on trouve dans le corps des gens ayant succombé à la Tuberculose. Quel fut son étonnement de voir se développer, chez ces animaux, une maladie identique à celle dont étaient morts les sujets auxquels il avait emprunté les produits.

Du coup, Villemain démontrait qu'il s'agissait d'une maladie *contagieuse* et par conséquent *transmissible* d'homme à homme, de tuberculeux à non tuberculeux. C'était là une découverte considérable pour la science, et qui eut des conséquences énormes. N'est-ce pas, en effet, une chose précieuse que de savoir qu'un mal est contagieux, et qu'en se mettant à l'abri de la contagion on évite le mal?

Mais ce n'était pas suffisant encore. Un peu plus tard, Pasteur dont le nom rayonne d'une façon si lumineuse et si universelle sur l'histoire de la science, alla plus loin. Grâce à l'intervention puissante du microscope, il vint à découvrir ces êtres infiniments petits qu'on a appelé des *microbes*, êtres insoupçonnés, que personne n'aperçoit, que nous ne pouvons pas, avec nos faibles sens, définir, et qui cependant sont répandus en nombre prodigieux autour de nous et en nous. Ces petits êtres microscopiques, ces petits organismes vivants, il les a étudiés, cultivés de mille manières, inoculés à des êtres vivants, et ainsi il découvrit, avec la pléiade de savants qui forment son école, qu'en eux réside la cause d'un grand nombre de maladies humaines.

Or, la notion de la Tuberculose, maladie contagieuse, existait. Il en fallait découvrir le microbe, le germe jusqu'alors invisible. C'était à Koch, un savant allemand, qu'était réservé cette découverte. Saluons ce nom : la science n'a point de patrie!

A partir de ce jour on était en possession de la cause véritable du mal; on savait que le produit tuberculeux n'était qu'une fonction du petit bacille que l'on apprit à cultiver dans des milieux perfectionnés, à isoler des autres, et avec lequel on put développer la Tuberculose à volonté et avec autant d'assurance que le cultivateur sait que d'un grain de froment sortira un épi, toujours le même.

L'expérience sur les animaux venait enfin prouver triomphalement : d'abord la découverte de Villemain, puis celle de Pasteur, enfin celle de Koch.

Et alors une notion essentiellement pratique se dégagea à partir de ce jour des données de la science : Si la graine tuberculeuse est si dangereuse, qu'elle tue tous les jours des milliers d'êtres, il devient évident qu'elle l'est du vivant du tuberculeux et qu'elle passe aisément d'homme à homme. Mais par quel procédé? Grave problème puisque la sauvegarde est au bout de sa solution! Et l'on remarqua alors que le bacille vit tout spécialement dans les voies respiratoires, dans les poumons, ces deux organes spongieux qui remplissent la cage thoracique; et l'on remarqua encore que chez le tuberculeux existe une toux constante, que le poitrinaire crache beaucoup, que cette expectoration, rare au commencement de la maladie, change peu à peu de caractère, et devient très abondante. On chercha alors dans ces crachats l'existence de la graine du mal et l'on ne fut pas long à découvrir le fameux bacille, le petit bâtonnet qui y vit, qui s'y produit avec une rapidité si formidable qu'un seul petit bacille peut en produire des milliards en vingt-quatre heures.

Immédiatement la science médicale fut fixée; elle proclama : ce crachat est la cause de la contagion, *voilà comment le mal se transmet d'homme en homme; c'est uniquement parce que nous sommes assez mal élevés ou assez imprudents pour cracher à terre.* Les tuberculeux ne sachant pas quel danger ils font courir à leur entourage, ne soupçonnant nullement la cause du mal qui les dévore, expectorent de tous côtés, à tort et à travers. Le crachat se dessèche, se pulvérise; ses débris, emportés par le vent, pénètrent dans notre bouche, dans notre nez, dans l'intérieur même de nos voies respiratoires. Vous comprenez maintenant les dangers des milieux confinés, où l'air n'est pas suffisamment renouvelé. En vérité, nous sommes constamment en compagnie du bacille de la Tuberculose. Il vit constamment *chez nous* en attendant qu'il vive *de nous* (c'est très important ce que je viens de dire!); il vit chez nous comme un parasite; il est somnolent, si vous le voulez, parce que nous avons des moyens de résister, mais ce bacille qui sommeille ne demande qu'à vivre *de nous* et non plus seulement *en nous;* à partir du jour où nous aurons été assez faibles, *assez maladroits pour lui ouvrir la porte,* ce petit être deviendra notre maître, il nous vaincra et nous fera mourir si nous n'y prenons garde.

Vous voyez donc ce qu'est la Tuberculose : elle se réduit finalement à un être infiniment petit, insidieux, invisible, insoupçonné, ce qui le rend du même coup si dangereux. Ce petit être vit *autour de nous, en nous* et n'a qu'un désir : vivre *de nous.* Tel est le premier point que je voulais dégager de notre causerie.

Jetons maintenant un coup d'œil sur l'évolution de cette Tuberculose, cette cruelle maladie que l'on voit tout à coup se révéler dans une famille et qui apparaît de suite comme un épouvantail devant lequel les efforts de la science ont été presque vains jusqu'alors. Comment cette Tuberculose, cette agonie lente, cette mort fatale au bout, se sont-elles installées et succédées? C'est très variable. Parfois on voit un homme vigoureux, vaillant, solide, bâti à chaux et à sable, périr dans l'espace de deux ou trois mois d'une phtisie qu'on appelle *galopante,* précisément parce qu'elle a été très vite.

Quelquefois la catastrophe survient plus vite encore, mais le plus souvent la maladie s'est développée avec une lenteur désespérante. Au début on avait pris un simple rhume en sortant du bal, d'une réjouissance publique, ou simplement à la suite d'une imprudence quelconque; puis ce rhume s'est aggravé, il a traîné en longueur, et à cette aggravation a succédé la phtisie. Vous connaissez tous l'histoire du rhume négligé, qui, dans le populaire, joue un si grand rôle dans les causes de la phtisie. Il y a beaucoup de vrai; mais ce que l'on a moins bien observé ce sont les causes mêmes de cette négligence sur laquelle nous reviendrons dans un instant.

Ce qui est constant, en tout cas, c'est que le petit bacille qui habite nos poumons et qui ne demandait qu'à entrer en rapport avec les éléments intimes de nos organes, a su profiter des plus petites faiblesses de l'organisme pour pénétrer. Puis il a pullulé très vite (je vous ai dit que le bacille se reproduit avec une rapidité extrême). Et pourtant, malgré cette reproduction fantastique, la maladie a a été très *lente*; cela vous démontre que *l'organisme ne se laisse pas vaincre du jour au lendemain*. Il résiste avec la dernière énergie avant de s'avouer vaincu. Il y a en circulation dans notre sang de petits globules blancs qui sont un agent de défense pour notre corps. Lorsque le bacille de la Tuberculose entre en rapport avec ces élément anatomiques, une lutte s'engage; le microbe est littéralement dévoré par eux. De leur côté les petites cellules qui composent nos organes résistent également. Dans ce duel à mort entre le microbe et la cellule, celle-ci succombe finalement. Et pourquoi? C'est que la résistance de la machine humaine a des limites, surtout si, pendant que la lutte est engagée, nous avons commis l'imprudence de compromettre nous-mêmes cette résistance. Pendant que, de leur côté, les bacilles tuberculeux fabriquent des poisons qui imprègnent nos organes et les affaiblissent, nous commettons parfois la sottise d'introduire chez nous un autre poison, *l'alcool,* qui aggrave les effets du poison tuberculeux et tue finalement les derniers vestiges de notre résistance.

Et voilà comment une maladie d'une gravité extrême, marche avec lenteur au début, tant qu'il y a de la résistance, et parce qu'il y a de la résistance. Voilà aussi pourquoi *tout le secret du triomphe contre la maladie réside tout entier dans l'emploi plus ou moins judicieux que nous saurons faire de nos moyens de résister.*

II

Cela étant, voyons maintenant ce qu'est l'*alcoolisme*. Ici, je serai moins long. Sur ce sujet, vous en savez autant que moi. L'Alcoolisme est une autre maladie : Sa cause? Elle n'est pas comme les microbes; elle ne se cache pas, elle est palpable, très visible et nous sommes assez benêts pour ne la point voir, c'est l'*alcool*, quel qu'en soit le nom et l'aspect. Vous rappellerai-je les préjugés qui règnent à l'endroit des propriétés soi-disant bienfaisantes de l'alcool? Vous savez comme moi que l'on attribue à l'alcool la propriété d'être une source de forces pour notre organisme; on a encore attribué à l'alcool la propriété de nous réchauffer lorsque nous avons froid; on a dit aussi qu'il rafraîchissait quand il fait chaud, qu'il guérissait les maladies y compris la *Tuberculose* et les médecins ont beaucoup à se faire pardonner, car il y a quelques années à peine on traitait la Tuberculose avec des remèdes alcooliques. On a dit encore que l'alcool était une source de joie, de contentement, de consolation pour ceux qui le consomment. Je n'ai pas le temps de détruire toutes ces erreurs. Il suffit que vous observiez autour de vous pour que vous sachiez ce qu'il en est de la réalité. La ville où je parle est une de celles où l'alcoolisme sévit le plus gravement sous toutes ses formes et vous apparaît sous ses aspects les plus navrants: déchéance intellectuelle, déchéance morale, déchéance physique, la mort avant l'âge précédée d'une foule d'incidents individuels, familiaux et sociaux. *Il fait autant de ravages, et même davantage que le fameux bacille tuberculeux.*

Mais ce qu'il faut que vous sachiez, c'est que l'alcool jouit d'une propriété qui n'est pas même soupçonnée de la majorité de ceux qui en consomment : l'alcool est un *paralysant;* c'est une substance qui agit sur nos centres nerveux en les frappant en quelque sorte de mort momentanée, d'un engourdissement plus ou moins prolongé, jusqu'à la mort réelle. Ceci est très important et demande toute votre attention. Je m'explique.

Pour bien saisir sur le vif l'action de l'alcool, il vous a suffi d'observer un ivrogne, un de ces hommes (ou une de ces femmes, hélas!) qui titubent dans les rues; vous avez pu remarquer que ces titubations étaient l'indice d'une véritable *paralysie;* vous avez pu observer l'ivrogne une fois qu'il est tombé à terre; il se retourne en tous sens comme une bête blessée, il lui est impossible de se relever, il traîne en quelque sorte son train de derrière (la comparaison avec l'animal s'impose quand il s'agit de l'ivrogne);

c'est tout au plus si, au bout de quelques heures, il commence à le mouvoir; il le soulève péniblement; puis, après une série de nouvelles chutes, il parvient à s'asseoir, à se hisser sur quelque marche de monument ou sur quelque bordure de trottoir. Vous avez là l'image d'une paralysie absolue, complète. L'homme est foudroyé, comme coupé en deux.

Puis, au bout de quelque temps, tout cela se dissipe, l'alcool est chassé par les reins, par les poumons; le système nerveux qui commande récupère ses fonctions premières, jusqu'au prochain excès.

Voyons maintenant ce qui se passe du côté des fonctions les plus supérieures du système nerveux, du côté de l'intelligence. Comme le corps, celle-ci est brutalement atteinte, vous le savez comme moi. Ici je prendrai tout aussi bien comme type le buveur qui roule dans le ruisseau que le digne bourgeois qui s'attable à un banquet. Lorsqu'on a sablé le champagne ou bu de bonnes bouteilles, qu'est-il permis d'observer? Tout d'abord une sorte d'excitation brillante et bruyante, qui en impose, mais qui en vérité procède d'un véritable anéantissement de l'intelligence. C'est une loquacité intarissable, une imagination dévergondée, un flux de paroles n'ayant aucune espèce de lien entre elles; bref on sent que le frein habituel de l'intelligence, la raison, s'est brisé. Plus de bon sens, plus de moralité; c'est le désordre. On aurait honte le lendemain des sornettes que l'on a débitées la veille si l'on s'en souvenait nettement. Mais voyez nos buveurs quelques heures après : ils sont renversés sur leurs chaises, ronflent autant qu'ils peuvent; quelques-uns se sont écroulés sous la table. A ce moment non seulement le frein est brisé, mais c'est l'éclipse totale et momentanée de la vie intellectuelle. Là encore l'alcool a produit son effet *paralysant*.

Mais je n'ai pas tout dit encore : le système nerveux n'a pas seulement pour fonction la pensée, le sentiment, le mouvement; il a encore une grande fonction, celle de régulariser la *nutrition*, les *échanges nutritifs* qui se font perpétuellement dans l'intérieur de notre organisme, au sein même de ces petites cellules que nous avons vues tout à l'heure luttant contre les microbes et leurs poisons. Ces cellules ont une vie propre; en outre elles sont solidaires des cellules voisines dans l'état de maladie comme dans l'état de santé; enfin au-dessus d'elles le système nerveux préside à leur activité qu'il augmente ou suspend suivant qu'il est lui-même actif ou fatigué.

Eh bien! lorsque nous avons eu l'imprudence d'introduire dans notre corps, non pas une fois, deux fois, de temps en temps, mais d'une façon continuelle l'alcool qui est un *paralysant*, nous avons gêné d'une façon incroyable notre nutrition, et cela d'une façon *permanente;* c'est sur ce point que je voudrais insister quelques instants.

De même que nous avons vu la Tuberculose se développer insidieusement pendant des années pour enfin éclater au grand jour, de même l'alcoolisme est une maladie insidieuse qui fait sourdement des ravages avant de se révéler à tous, au malade lui-même. Sachez bien que l'alcoolisme n'est pas seulement le fait du buveur qui roule de temps en temps dans le ruisseau; celui-là se fait évidemment beaucoup de mal, mais pas autant qu'on se l'imagine. La meilleure preuve est que l'ivrogne n'est pas fatalement un candidat à la tuberculose. Autrefois, il y avait beaucoup d'ivrognes, mais ils ne s'enivraient que de temps en temps; dans l'intervalle, c'étaient de braves gens, d'honnêtes travailleurs, des gens sobres, buvant de très faibles quantités de boissons fermentées, souvent de l'eau, jamais d'alcool. Aujourd'hui les gens qui consomment l'alcool procèdent tout différemment; l'alcool est devenu un objet de consommation journalière; il est bien peu de gens dans les différentes classes de la société qui n'en usent d'une manière quelconque : ici c'est le vin, ailleurs ce sont les spiritueux proprement dits et cela à dose *journalière* plus ou moins considérable, plutôt plus que moins. J'ai dit le vin car je ne fais aucune exception. Le vin grise, comme l'alcool; la bière fait mal aux cheveux comme l'alcool, et, je vous le demande, y a-t-il une différence quelconque entre la griserie du vin, de la bière, du cidre et celle de l'alcool? Il faut avoir envie d'ergoter, de chercher la petite bête pour trouver une distinction entre les conséquences de l'usage du vin et celui des boissons spiritueuses. Toutes sont au même titre des boissons enivrantes purement et simplement, des boissons *alcooliques* et par conséquent des boissons qui alcoolisent.

Eh bien! lorsqu'on a l'imprudence de consommer, sa vie durant, un poison qui circule *sans arrêt* dans le corps, on entretient un véritable empoisonnement dans son organisme, on laisse ces petites cellules, dont je parlais tout à l'heure, constamment imprégnées et influencées par le poison. Comment voulez-vous qu'un pareil régime reste à jamais innocent? Certes, ce n'est pas de suite qu'on jugera les effets paralysants de l'alcool, parce qu'ils échappent à nos investigations, ce qui entretient chez nous une fausse sécurité; mais un homme exercé saura toujours dépister une foule de petits phénomènes que l'on appelle des phénomènes d'*alcoolisme chronique,* et cela jusqu'au jour où, comme la goutte d'eau inoffensive qui finit par creuser la pierre, tous ces petits accidents incessamment répétés auront mis l'organisme dans une fâcheuse position, visible pour tout le monde.

Voyez ce bourgeois qui s'attarde au café devant son apéritif, il ne se grise pas celui-là. Voyez l'ouvrier qui s'attarde ou qui, le matin, engloutit de l'alcool dans son estomac vide, celui-là non plus ne se grise pas. Et pourtant un jour, chez l'un comme chez l'autre, l'usure arrive. Ils attribuent leur vieillissement précoce à l'intensité de leur travail, mais en réalité cette vieillesse prématurée est venue à la suite de l'usage des spiritueux absorbés régulièrement chaque jour. Chez l'un vous verrez apparaître de ces infirmités qui témoignent de la mort des organes avant la mort de l'organisme lui-même. Chez notre bourgeois ce sera par exemple de l'obésité, cette graisse qui vient surcharger nos organes et que l'on appelle parfois de la mauvaise graisse; elle envahit les tissus les plus menus, elle envahit les cellules elles-mêmes; c'est de la dégénérescence et cette dégénérescence s'est produite parce que, dans les échanges nutritifs journaliers, l'élimination des produits usés n'a pas pu se faire d'une façon convenable, et parce qu'à ces produits d'usure a été constamment adjoint ce poison alcoolique qui troublait la nutrition de la cellule. Celle-ci obligée de se surmener en tout temps s'est vite fatiguée, puis elle a abandonné la lutte. Que de maladies ne reconnaissent pas d'autre cause !

Je conclus en deux mots : la tuberculose et l'alcoolisme ont ceci de commun qu'ils sont insidieux ; les gens ne s'en méfient pas et ne jettent l'alarme que lorsqu'il est trop tard.

III

Voyons, pour terminer, une troisième partie : comparons ce que nous venons de dire à grands traits de la tuberculose et de l'alcoolisme, et établissons entre les deux un rapport que déjà vous avez deviné. Nous voyons d'une part, quelque chose de bien petit, ce bacille de la tuberculose qui habite en nous d'une façon à peu près permanente, mais qui ne demande qu'à grandir, à multiplier, à envahir enfin notre propre substance pour en vivre. Il nous guette sans relâche et dans l'ombre, ce petit parasite !

Nous voyons, d'autre part, un organisme qui a besoin de lutter et de lutter de mille manières, car je n'ai pas besoin de vous dire que le bacille tuberculeux n'est pas notre seul ennemi. Nous en réchauffons en nous des milliers ; notre atmosphère en est pleine ; notre bouche, notre nez, nos voies aériennes, notre intestin en sont largement habités. Ajoutons à cela encore tous les facteurs de maladie qui n'ont rien de parasite : la fatigue, les intempéries des saisons, etc., etc. Il faut que notre organisme soit vraiment taillé pour la lutte à l'état normal, pour résister à une telle coalition.

Pour nous maintenir en équilibre et pour lutter aisément, nous recourons à deux choses : l'aliment qui nous entretient, l'hygiène qui nous protège contre les ennemis de notre santé. Eh bien ! grâce à l'*alcool*, troisième facteur que nous envisageons ici, nous commettons une double faute, contre l'alimentation et contre l'hygiène : nous introduisons chez nous un trompeur qui endort notre vigilance, frappe d'inertie les petits éléments de notre corps qui auraient tant besoin de toute leur vitalité pour vaincre ; finalement il nous livre sans défense à l'infiniment petit. Quelle honte pour nous ! Bref, grâce à l'alcool, nous nous trouvons dans des conditions merveilleuses pour recevoir la culture du bacille de la tuberculose.

Je me permettrai ici de vous faire une comparaison. Que fait un jardinier lorsqu'il a le désir d'obtenir une plante développée dans les meilleures conditions possibles? Il choisit les graines dont il veut la reproduction et surtout *il choisit son sol;* s'il ne réussit pas il faut que le terrain ait été mauvais ou que la graine ait été mauvaise. Si la graine lève, il en conclut que le terrain était bon; or, vous savez comme moi que les graines ne lèvent pas indifférem- ment dans tous les sols; vous aurez beau semer de la vigne dans les sables du désert, vous aurez beau arroser cette graine, je doute fort que vous la voyez jamais ger- mer vraiment. Cette graine de la vigne transportée au contraire dans un sol où elle se plaira donnera d'excellents produits. Vous le voyez, entre la graine et le sol il doit y avoir une sorte de convenance. Et alors, le jardinier que fait-il? s'il est instruit, s'il connait la vie des plantes, s'il connait l'usage que l'on doit faire aujourd'hui des engrais, il ameublit son sol, il l'engraisse d'une façon toute spéciale et des plantes qui n'auraient jamais poussé spontanément dans un sol déterminé donnent alors des produits dans ce sol qui s'était montré jusqu'alors réfractaire.

Eh bien! la tuberculose est comme cette graine semée en nous par le vent; le bacille rencontre tout d'abord un sol réfractaire; il végète, somnole ou meurt. Mais si nous faisons de nous ce que le jardinier fait du sol, si nous y jetons cet engrais, l'alcool, si favorable au développement du bacille, vite l'envahissement commence et la plante parasite a tôt fait d'épuiser à son profit exclusif tout ce qu'elle rencontre.

Vous voyez ce qu'il convient de faire pour se garantir contre la tuberculose; nous pouvons donc beaucoup. Mais je vous l'ai dit : la tuberculose est contagieuse; et, s'il faut un sol favorable pour son éclosion, il faut aussi la graine. Cette graine, elle est contenue dans les crachats du tuber- culeux. Or, nous n'avons pas à garantir que nous-mêmes, nous avons encore le devoir de protéger les autres. Je n'ai pas besoin d'insister davantage et de vous dire combien il est dangereux d'expectorer autour de soi, dans les rues comme on a coutume de le faire d'une façon si inconsidérée.

Nous avons donc un intérêt immense, d'abord à réformer nos habitudes, puis à réformer par notre exemple les habitudes de notre entourage. Et vous en arriverez facilement à cette double conclusion : pour lutter contre la tuberculose il faut : 1° ne pas boire d'alcool, 2° ne point cracher à terre. Mais, vous l'avez compris, la valeur réciproque de ces deux moyens est loin d'être la même. La tuberculose est due à ces milliards de microbes qui pullulent avec rapidité autour de nous. Vous comprenez qu'il y aura toujours un crachat tuberculeux quelque part et que rêver l'anéantissement de la graine fatale, c'est rêver l'impossible. Par suite c'est *de préférence* vers les moyens de neutraliser ses effets qu'il faut se tourner.

Il a quelques mois se tenait à Londres un grand Congrès international qui réunissait toutes les sommités du monde entier qui se sont distinguées par leurs études sur la tuberculose et sur les tuberculeux. Il n'en est pas une qui n'ait proclamé que la grande cause de la tuberculose est l'*Alcoolisme*. Si vous examinez les travaux des médecins, les statistiques, les conclusions de toutes les commissions spéciales, vous apprendrez que c'est dans les milieux où il y a le plus d'alcooliques qu'on voit le plus de tuberculeux. Dans notre pays il y a une foule d'alcooliques qui meurent de la tuberculose et il y a une foule de tuberculeux qui sont alcooliques et quand je dis une foule, je veux dire au moins 50 à 60 %. On l'a dit d'un façon pittoresque : *la Phtisie se prend sur le zinc.*

Il s'en suit que pour éviter la Tuberculose pour nous-mêmes et aussi pour ceux qui nous entourent nous devons être sobres, et nous devons donner l'exemple de la sobriété, par amour pour notre prochain, par amour pour notre famille. Celui qui s'alcoolise et qui sait que grâce à son exemple d'autres deviendront alcooliques et par suite tuberculeux, commet plus qu'une faute, il commet, sans le vouloir, un homicide par imprudence. Nous tous qui sommes maintenant éclairés sur ces choses graves, nous devons faire un examen de conscience. Descendant en nous-mêmes, nous nous demanderons si, grâce à nos habitudes de boisson, même *modérées* nous n'avons pas entraîné à leur perte une

savoir ce que sont les habitudes alcooliques dans les usines,
il faut causer avec les héros qui essaient de renoncer à l'eau-
de-vie. Je me rappelle un ouvrier de filature, qui vint sonner à
ma porte, vers 10 heures du soir; il arrivait de son travail, sans
avoir mangé, après plusieurs kilomètres de marche dans la
nuit, et tout cela pour me dire, lui catholique à moi pasteur, à
moi qu'il n'avait jamais vu : « Je suis un buveur, sauvez-moi ! »
Et depuis lors, combien de fois a-t-il été rejeté, par les sarcas-
mes de ses camarades, au fond du gouffre ! Un autre ouvrier
buveur, que j'ai dû chercher à l'auberge, et qui est maintenant
sobre, a enduré de longues persécutions morales, ses camarades allant jusqu'à verser de l'eau-de-vie dans son cidre, et son
patron lui reprochant d'être moins bon travailleur depuis qu'il
s'abstenait du poison. Il n'est pas de ruse que les ouvriers
n'emploient, pour introduire subrepticement de l'alcool dans
l'usine ou dans l'atelier. D'ailleurs, leur point de ralliement,
c'est le cabaret, avant et après le travail, et, si possible, *pendant*. Ils s'entraînent impitoyablement les uns les autres, et se
ruinent mutuellement par l'usage de ces fameuses tournées,
où chacun paie une consommation à ses camarades, sous peine
de forfaire à l'honneur (1).

Après l'agriculture et l'industrie, *le commerce*. Nul n'ignore
que les affaires doivent se traiter en buvant ; les marchands de
bœufs se rencontrent dans un « assommoir » (par association
d'idées, probablement) ; le fabricant offre un petit verre à son
acheteur ; le « voyageur » prend rendez-vous à l'estaminet ; le
négociant spécule au cercle, en buvant du madère ou du cognac.
A Condé-sur-Noireau, en 1895, il y avait deux maisons d'apprêts
qui payaient 6 francs par jour à deux individus, appelés popu-
lairement des « chiens, » pour guetter les acheteurs à leur
sortie de la gare, et pour les rabattre sur les cafés où les affaires se traitent. Dans les ports comme Caen, le Havre et Rouen,
le commerce a été longtemps complice d'un véritable système
d'alcoolisation obligatoire ; à Rouen, par exemple, les ouvriers
déchargeurs de bateaux n'étaient point payés individuellement,
mais une seule pièce d'argent était remise à deux débardeurs,
si bien qu'ils étaient obligés d'entrer dans un débit pour obtenir de la monnaie. Des abus analogues subsistent au Havre (2),

(1) Aux environs de Rouen, les 500 ouvriers d'une seule usine dépen-
sent annuellement 120.000 francs en alcool (soit 0 fr. 60 par tête et par
jour).

(2) Et à Dieppe. Cf. L'alcool et l'embauchage des ouvriers dans les ports
de Normandie (Conf. par R. Biville).

où les ouvriers des quais, au lieu de toucher le salaire promis, reçoivent un jeton donnant droit à cette somme. Et quel est alors le comptoir de change, sinon le comptoir du débitant, qui prélève sur les travailleurs, frustrés de leur dû, un escompte qui se chiffre par plusieurs petits verres ?

Comme si les efforts combinés de la ferme, de l'usine et du marché (1) restaient insuffisants pour alcooliser notre pays, *la caserne* s'en est mêlée. Que de confessions reçues à ce sujet ! Que de jeunes gens perdus par l'alcool, au régiment ! L'ancienne ordonnance d'un officier m'a raconté que son capitaine lui avait dit : « Il faudra que je vous soûle une fois, pour voir comment vous faites ! » L'an dernier, un soldat m'écrivait : « Notre prévôt d'armes a été pris d'une crise de fureur alcoolique ; le voilà ruiné moralement et physiquement. L'adjudant de bataillon, dans la nuit de dimanche, a été pris à son tour. On l'a emmené à l'hôpital, fou. Voilà ce qui se passe dans un bataillon, pris au hasard. » Je ne veux pas insister sur le spectacle que présentent souvent les chambrées, à l'époque des grandes fêtes chrétiennes, quand les soldats rentrent de permission ; et cependant, il y aurait quelque chose à raconter sur ces individus en uniforme qui vont rouler, ivres-morts, sur leur lit, en vomissant. Ces malheureux s'enivrent hors de la caserne, mais ils savent qu'à l'intérieur de la caserne on fermera trop souvent les yeux sur leur état. Les conscrits ne l'ignorent pas ; dès le jour du tirage au sort, on dirait qu'ils se préparent aux débauches futures en s'enivrant du matin au soir ; et c'est dans des occasions semblables que j'ai entendu brailler, sous mes fenêtres, par les futurs défenseurs de la patrie : « Vive la goutte ! J'aime l'eau-de-vie ! »

En présence d'une pareille débâcle, on voudrait croire que *les classes qui s'intitulent « dirigeantes »* ne se laissent pas entraîner par le torrent. Mais le café est le cabaret du bourgeois, le *café* qu'on ferait mieux d'appeler : *l'apéritif.* En 1896, à Mazamet, dans un des principaux cafés de la ville, une dizaine de consommateurs dépensaient chacun, annuellement, pour 9.000 à 10.000 francs de boissons ; d'autres Messieurs, plus modestes, y dépensaient de 5 à 7.000 francs. Dans une petite ville de France, le cercle reste ouvert toute la nuit ; là, les bourgeois oisifs s'amusaient naguère à faire boire tantôt l'un, tantôt l'autre d'entre eux, jusqu'à ce qu'il fût incapable de

_____

(1) J'emploie ces mots comme signes représentatifs de la démoralisation agricole, industrielle et commerciale, par l'alcool. Même observation pour le mot caserne.

rentrer. J'ai connu le domestique d'un jeune homme riche qui emmenait son valet avec lui dans cette officine, pour être sûr que quelqu'un le ramenât. Mortellement frappé avant 30 ans, et ne pouvant plus tenir un verre dans sa main tremblante, il buvait le poison au moyen d'un biberon; a la fin, on lui introduisait les liqueurs dans le gosier à travers une plume. Le malheureux avait commencé à boire de bonne heure, s'arrêtant pour cela sur le chemin du collège. Nos lycéens, en effet, sont trop souvent sur la pente fatale. Dans un lycée de Paris, un adolescent disait à l'un de ses camarades abstinents, et avec un accent de pitié dédaigneuse : « Comme ça, tu ne peux pas prendre une verte ou un vermouth? » A Rouen, pour protester contre la propagande antialcoolique de certains professeurs, un groupe de lycéens s'est constitué en société pour l'alcool. Que dire de l'alcoolisme parmi les étudiants? J'ai entendu parler d'un étudiant en médecine qui s'est enivré, tous les soirs, pendant 9 mois (en 1893-94). Si je voulais citer des cas de professeurs, de docteurs, de musiciens, de notaires, d'artistes, de prêtres, de pasteurs alcooliques, les exemples, hélas! ne me manqueraient pas. On peut même affirmer que l'alcoolisme gagne du terrain parmi les dames. Un médecin de Montpellier écrivait naguère : « J'ai vu une dame du meilleur monde qui prenait tous les jours une bouteille entière de vin de Mariani. Une autre dame m'a dit prendre quotidiennement quatre fioles entières d'eau de mélisse pure; elle buvait donc 240 grammes d'alcool à 82°, la valeur de 8 absinthes à deux sous, ou de 14 petits verres d'eau-de-vie. On s'alcoolise de la même manière avec l'élixir Bonjean, l'alcool Ricqlès, voire même l'eau de Cologne et le vulnéraire. Les liqueurs, surtout les liqueurs sucrées, comme la chartreuse, sont régulièrement bues par bien des femmes. Au five o'clock on met volontiers du rhum dans son thé. L'après-midi, on prend un verre de Porto, de Xérès, ou de Malaga; c'est moins vert que l'absinthe, mais ce n'est guère meilleur. » (Dr Grasset : *L'alcoolisme insidieux*).

Ainsi l'alcool, comme un flot débordé, monte, monte encore; il imbibe les classes les plus élevées de la société. Et l'inondation est alimentée sans trêve par 500.000 *bouilleurs de crû*, par le pullullement monstrueux des innombrables débits, cafés, cabarets, estaminets, bars, dégustations, qui encombrent la voie publique, enfin par de colossales distilleries, dont une seule a placé pour 1.400.000 francs d'absinthe, en une seule année, dans un seul département. La réclame en faveur des spiritueux est un des traits caractéristiques de notre époque; elle pousse le cynisme de l'obsession jusqu'à la tyrannie. Sur

les murs s'étalent des mensonges éhontés, comme ceux-ci :
« Absinthe hygiénique ! » ou encore : « Attention ! L'absinthe
X... est bienfaisante. » Comme s'ils étaient les prêtres d'un
nouveau sanctuaire, les élus de la raison, ou les conservateurs
de la foi, les débitants se composent des enseignes comme
celles-ci, que j'ai vues de mes yeux : *Aux prévoyants de l'avenir*.
— *A la grâce de Dieu*. — *Au Père éternel*. — *A l'Agneau pascal*.
— *Au Saint-Esprit*. A Paris, un cabaretier a fait annoncer « qu'à
propos de la première communion, » il donnerait un « bon de
photographie » aux consommateurs qui achèteraient un certain
nombre de litres. Telle est l'audace des empoisonneurs
publics ! (1).

Ah ! Messieurs, à mesure que j'avance dans la description de
notre état social, à mesure que je remue de douloureux souve-
nirs, à mesure que je revois défiler un long cortège de créatures
humaines dégradées, maculées d'alcool et de sang, une émotion
inexprimable s'empare de mon âme. Je voudrais me réfugier
dans le silence de la prière ou de l'action ! Car j'ai trop à dire
pour pouvoir parler ; autour de chaque fait que je cite, 50 autres
se groupent dans ma mémoire, et qui mériteraient chacun une
mention particulière. Je sens que je peints un tableau pâle,
parce que j'ai trop de couleurs à ma disposition... Et d'autre
part, ô mon Dieu ! j'en sais trop pour avoir le droit de me taire.
Enseigne-moi les accents qui portent la conviction dans les
cœurs ; et s'il y a ici des esprits à éclairer, des consciences à
réveiller, des volontés à enrôler, ô Père des compassions ! par
pitié pour les femmes d'alcooliques, par pitié pour les enfants
des buveurs, par pitié pour un grand peuple qui décline,
accorde-moi le don de persuasion !

Oui, il s'agit d'un peuple qui décline. Deux médecins de Paris
l'ont dit : « La France nous offre le désolant spectacle d'une
nation qui se rue, littéralement, vers la décadence par l'alcool. »
*L. moyen-âge avait la famine et la peste noire ; nous avons
l'alcoolisme. C'est un mal autrement grave, car il s'attaque au
cerveau de l'homme, c'est-à-dire à la substance même de l'humanité*, au système nerveux, ce merveilleux accumulateur de tous
les progrès du passé, ce germe de l'avenir, qu'une évolution
séculaire a lentement et péniblement développé à travers les
âges, et que la génération contemporaine livre brutalement à
la corrodante brûlure de l'alcool. Cela, nos descendants ne nous

(1) Pancarte affichée dans une épicerie-débit de Rouen : « Toute consommation donne droit à un ticket. Douze tickets donnent droit à une
consommation. »

le pardonneront pas, si toutefois l'espèce peut survivre, ou si les rejetons d'une race alcoolisée doivent conserver assez de raison pour mesurer leur déchéance. Les barbares ont pillé Rome, jadis, mais ils n'ont pas touché au cerveau humain ; les mahométans ont brûlé la bibliothèque d'Alexandrie, mais ils ont laissé intact le cerveau humain ; ce qu'on nous reprochera, à nous, c'est d'avoir légué à la postérité un cerveau atrophié. Ce crime est nouveau dans les annales de l'humanité ; et quelques penseurs se sont demandé si celle-ci avait juré de se suicider par l'alcool. Quoi qu'il en soit, il est presque indubitable que le peuple français, considéré dans son ensemble, offre des symptômes de l'empoisonnement alcoolique, peut-être même de l'empoisonnement absinthique. La nervosité excessive de l'opinion, une incapacité, toujours plus généralisée, de suivre un raisonnement ou de prévoir, l'oblitération du sens moral devant l'injustice, le mensonge ou la débauche, des crises d'indignation sans cause, ou de frayeur injustifiée, compliquées d'impulsions homicides ou guerrières — et le tout aggravé par la fièvre de mouvement qui caractérise notre époque, par la surexcitation émotive qui se dégage incessamment de la presse quotidienne, espèce de monstrueux cerveau artificiel où aboutissent pêle-mêle, comme autant de nerfs, et de tous les points du globe, les fils télégraphiques du monde entier — en voilà assez pour expliquer l'inquiétude qu'inspire la mentalité française aux philosophes et aux médecins. Un docteur s'écriait, récemment, dans la *Revue médicale* : « Quand voudra-t-on comprendre qu'il va se créer progressivement, en ce pays, une sélection de force et d'intelligence, une véritable aristocratie de sobres, opposée au troupeau dégradé des alcooliques ? » Et j'ajouterai : Cette sélection ne va pas s'opérer seulement au sein d'une même nation, mais au sein d'une même humanité. Si les bouddhistes et les mahométans restent fidèles à la sobriété, ils survivront aux prétendus peuples chrétiens, qui s'empoisonnent avec la bestiale insouciance des dernières peuplades nègres.

Le problème de l'alcoolisme occidental n'est donc pas seulement un problème médical, budgétaire, économique ; c'est avant tout un problème humain, un problème moral, au sens le plus large du mot. La parole du Sauveur : « Que servirait-il à un homme de gagner le monde entier, s'il venait à perdre son âme ? » s'applique très exactement à notre civilisation européenne. Oui, que nous servira-t-il d'avoir conquis la terre, si nous détruisons, individuellement et solidairement, par l'exemple, et qui pis est par l'hérédité, les fonctions de cet encéphale mystérieux qui constitue le siège même, ou la condition nécessaire, de toute vie rationnelle et spirituelle? L'alcool est un poison de l'intelligence et de la volonté; l'alcool est un poison de l'âme. Voilà pourquoi l'alcoolisme est un problème moral.

II

Et maintenant que le problème est posé, demandons-nous, tout simplement, quand l'alcoolisme est né, pourquoi il n'est pas combattu, et comment on pourra le vaincre.

Quand? — Il y a certainement quelque chose d'amèrement mélancolique dans la pensée que l'alcoolisme a une date, et que l'humanité l'a volontairement ajouté sur la liste des fléaux qui ravagent notre globe. D'autre part, la certitude que l'alcoolisme a commencé, nous assure qu'il peut finir, mais à une condition : c'est que nous ne le considérions pas comme un mal inévitable; c'est que nous n'imitions pas la pieuse apathie de ces inconscients qui courbent la tête et joignent les mains, d'âge en âge, devant les horreurs de la guerre et de la misère, comme si le militarisme et le paupérisme étaient des dispensations providentielles, des calamités qu'il faut adoucir, sans songer à les supprimer.

Les causes de l'alcoolisme ne sont pas difficiles à préciser, au moins en France. Il est inutile d'imaginer des explications abstruses. L'hygiéniste Fonssagrives, par exemple, écrivait sous l'Empire : « Tous les hommes éprouvent le besoin de se faire une vie cérébrale artificielle. L'Arabe savoure les extravagances délirantes du haschich; le Turc et le Chinois s'absorbent dans l'hébétude de l'opium; l'ouvrier de Birmingham et de Rouen devient le sujet famélique du roi gin; le Delaware recherche l'eau de feu; le Taïtien s'abrutit avec le kava. » Cette énumération pourrait être, hélas! notablement allongée, sans jeter le moindre rayon de lumière sur le problème. La remarque de Fonssagrives, en effet, est profondément vraie, et, si l'homme se crée une vie cérébrale artificielle, cela correspond au fait que l'homme naturel soupire après le salut; mais cette remarque, néanmoins, si elle explique l'ivrognerie de tous les temps et de tous les pays, n'explique point l'alcoolisme (1). D'autres serrent de plus près la question; ils allèguent un des caractères particuliers de notre époque, la soif insatiable de stimulants, dans tous les domaines. Mais cette remarque est encore

_____

(1) D'ailleurs le chapitre des « Entretiens sur l'hygiène » auquel nous empruntons la citation, est très justement intitulé : *Les ivrogneries.*

trop philosophique, car l'alcoolisme exerçait déjà d'épouvantables ravages dans certains pays étrangers, au siècle dernier. La vraie cause de l'alcoolisme français a été indiquée par le Dr Legrain, en ces mots : « C'est vers 1824, surtout, qu'en France l'industrie de l'alcool a commencé à prendre de l'extension par la distillerie des céréales et de la pomme de terre, notre industrie ne pouvant négliger indéfiniment une source de bénéfices qui, dans les pays voisins, avait donné d'excellents résultats. C'est de cette époque que l'alcoolisme date en France » *(Rapport au Congrès de la Moralité publique, Lyon, 1894)*. Rappelez-vous cette affirmation : *La responsabilité de l'alcoolisme incombe à l'industrialisme*. Quand on écrira, plus tard, l'histoire économique de notre âge, on sera obligé de répéter, avec le Dr Legrain, que notre époque a vu surgir une certaine classe de capitalistes qui « ne pouvait négliger indéfiniment une source de bénéfices » très abondante. Je veux croire que les premiers distillateurs ne prévoyaient pas la conséquence de leurs actes; mais ils n'ont pas fermé leurs usines quand ces conséquences ont éclaté à tous les yeux (1); à l'heure actuelle, ils continuent à produire, ils continuent à s'enrichir, ils continuent délibérément à verser l'abrutissement et la mort sur notre infortunée patrie; et s'il y avait au Parlement, s'il y avait au moins dans l'Église un prophète, fils des prophètes, un Élie ou un Jean-Baptiste, il ne craindrait pas de crier bien haut, d'un bout du territoire à l'autre : L'alcoolisme est la conséquence, l'alcoolisme est le châtiment de la ploutocratie!

Et voilà pourquoi l'alcoolisme est le tocsin qui sonne le glas de notre état social. Écoutez cette redoutable parole de Channing : « Entre les causes d'intempérance, il en est un grand nombre qui tiennent à l'état présent de la société, à cet état que chacun s'efforce de consolider, et qui donne des privilèges à la plupart d'entre nous » *(De la tempérance, 28 février 1837)*. L'alcoolisme, en France, est le résultat direct d'un régime économique où la libre concurrence règne sans contrôle, où la fortune des uns est souvent fondée sur la ruine des autres, avec la béate approbation de l'économie politique, où la science et les mœurs tolèrent ce crime : l'empoisonnement méthodique, l'empoisonnement au grand jour d'un peuple entier, par une

---

(1) Une immense fabrique d'absinthe a été partiellement brûlée en 1901; on s'est empressé de rebâtir, car *la France consomme plus d'absinthe que tous les autres pays réunis*. Un grand fabricant de ce poison (dénoncé comme tel par *l'Académie de médecine*) siège, sauf erreur, au Conseil presbytéral de sa paroisse.

minorité habile, qui « ne peut pas négliger indéfiniment une source de revenus. » Un état social qui légitime ou permet seulement un pareil régime, repose en partie sur la démence et l'iniquité; et ceux qui s'efforcent d'affermir cet état social en faisant de l'argent par tous les moyens, choisissent le plus court chemin pour détruire la société. Que sont les bombes de l'anarchie auprès des distilleries, qui vomissent la mort à jet continu contre des hommes, des femmes et des enfants, par myriades?

Les capitalistes ont donc raison de protester, quand les orateurs de club attribuent l'alcoolisme à la misère. Non, *la cause première de l'alcoolisme français, ce n'est pas la misère, c'est la richesse; ce n'est pas l'ouvrier, c'est le distillateur;* et l'on aurait le droit de répéter, à l'adresse de certains fabricants de poisons, mais en l'adaptant à leur cas, l'un des plus fameux raisonnements de saint Paul, en ces mots : « Comment le peuple boira-t-il, s'il n'a pas l'occasion de boire? Et comment aura-t-il l'occasion de boire, si les cabarets ne se multiplient? Et comment les cabarets se multiplieront-ils, si l'alcool n'est pas à bon marché? Et comment l'alcool serait-il à bon marché, sans vos distilleries maudites? »

Voilà notre réponse à cette question : Quand l'alcoolisme est-il né en France? Il est né quand on l'a mis au monde. Et, malheureusement, *les circonstances ont favorisé sa croissance.* D'une part, les maladies de la vigne, en raréfiant le vin, ont ouvert de larges débouchés à l'alcool. D'autre part, les progrès incessants de l'instruction et des libertés politiques ont développé l'activité mentale et sociale de l'ouvrier, sans lui fournir les moyens de la satisfaire : où trouver, en effet, le cadre approprié à ces besoins nouveaux? L'Église jésuitisée? L'ouvrier la considère comme une espèce de caverne préhistorique, où quelques bibelots de l'âge de pierre ne sollicitent guère son enthousiasme. La famille? La chambre ou les deux chambres qui servent tout à la fois de cuisine, de salle à manger, de chambre à coucher, de cabinet de toilette, de salon, de salle de récréation, où les enfants grouillent et crient, sur la table et sous la table? Mais cet endroit-là est le seul où il soit radicalement impossible de causer! Alors que reste-t-il à l'ouvrier français du XXe siècle, sinon le cabaret? A défaut de la grande église vide, ou de la petite chambre pleine, le prolétaire a tiré parti du débit, qui lui offrait lumière, chaleur, détente physique, stimulant intellectuel, commerce social. Là, tout en se conformant aux lois de l'honneur, en se procurant un renom de politesse et de générosité, il avait la satisfaction de dépenser, pour quelque chose de superflu, un argent péniblement gagné, et il y avait là un peu de jouissance désintéressée, esthétique; dans cette insouciance du lendemain, il y avait du Cyrano de Bergerac. Car, il faut bien nous en convaincre, celui qui devient un buveur ne s'est pas engagé sur la pente fatale avec l'intention infernale d'affamer ses enfants; il a simplement suivi l'usage, les règles de l'étiquette prolétaire, et ces règles correspondaient à des besoins réels..... Ce n'est pas au besoin de boire que je pense, mais à certains besoins légitimes de l'âme humaine. Si bien que les socialistes, malgré tout, n'ont pas tort d'alléguer les conditions actuelles de l'industrialisme, pour expliquer la tyrannie de l'alcool sur le peuple; ils n'ont pas tort d'alléguer les agglomérations ouvrières, la durée exagérée du travail, l'exiguïté des logements, et d'autres causes. Toutefois, ils ont tort d'oublier que l'alcoolisme est dû, non seulement à ces tristes réalités, mais aux progrès mêmes de notre époque, c'est-à-dire à la disproportion que nous avons signalée entre les nouvelles aspirations intellectuelles et politiques de l'ouvrier, et les conditions matérielles de son existence, qui ne se sont pas améliorées parallèlement.

Ainsi, tout a convergé vers le règne de l'alcool : création de la grande distillerie, phylloxera, progrès politique, industrialisme. Causes naturelles, causes économiques, causes morales, tout a conspiré en faveur de l'empoisonnement national.

Telle étant la réalité, il semblerait très simple que l'organisme social protestât avec énergie contre l'intrusion dans son sein d'un élément mortifère; c'est ainsi que les cellules du corps humain se liguent, spontanément, pour combattre une invasion de bacilles. Si les cellules devenaient incapables de réaction, ce serait un symptôme fatal. En serions-nous précisément parvenus à ce degré de déchéance, dans notre patrie? Et l'atonie de l'opinion publique serait-elle un indice précurseur de la banqueroute finale?

Ceci nous amène à traiter la deuxième question que nous avons énoncée plus haut, en ces termes : Pourquoi l'alcoolisme n'est-il pas combattu?

Pourquoi? — Permettez-moi une réponse qui serait à la portée des élèves d'une salle d'asile, mais qui a l'avantage d'être une réponse. La voici : Quand le papier buvard est saturé d'encre, on a beau l'appliquer sur un pâté, il élargit la tache au lieu de la supprimer. De même, *quand un peuple est imbibé d'alcool, il perd la faculté de repousser l'alcoolisme.*

Une forte proportion de Français naît morbide, alcoolisée par avance; quand ces malheureux vivent, ils apportent au monde le germe d'une passion qui se déclare tôt ou tard, plus tôt que plus tard; témoin cet enfant de buveur dont on m'a parlé récemment, âgé de 9 ans seulement, et qu'on a trouvé ivre-mort auprès d'un tonneau.

Et quant aux Français qui ne sont pas physiquement alcoolisés par hérédité, on peut affirmer qu'ils sont, en majorité, *mentalement alcoolisés*. En d'autres termes, l'éducation, les mœurs, les usages, les exemples développent en eux un *préjugé presque invincible en faveur de l'alcool*. Une femme d'ouvrier me disait un jour : « Vous m'avez appris à boire de l'eau; mais auparavant, si l'un de mes enfants m'avait refusé de l'eau-de-vie, je l'aurais frappé, car je croyais l'alcool nécessaire à la santé. » Et cette femme était l'épouse d'un ivrogne qui la maltraitait; elle aurait donc battu ses enfants, s'ils avaient refusé de marcher sur les traces de celui qui la battait. Telle est la puissance du préjugé! En voici d'autres preuves. Je connais un village du Calvados où l'instituteur se voit moralement obligé d'administrer, quotidiennement, du café et de l'eau-de-vie aux élèves de l'école communale, parce que les parents pousseraient des clameurs d'effroi si l'on privait leur progéniture de cet élixir de longue vie; et les choses en sont venues au point que le maire de ce village a promis vingt-cinq centimes, par mois, à chaque enfant qui consentirait à se priver du poison. Une Alsacienne me disait : « Dans un tonneau de lait, il n'y a pas de quoi faire une goutte de sang. » Par contre, il est probablement des femmes qui estiment que l'absinthe produit du lait, car on a pu contempler à Paris, en août 1896, deux mères attablées devant un restaurant, et sirotant chacune leur « verte », pendant qu'elles allaitaient chacune un nourrisson. Pauvres innocents! Oui, pauvres victimes! Après tout, *l'infanticide est à peu près aussi commun en France qu'en Polynésie*. Ainsi, à Rouen, à la fin de décembre dernier, un bel enfant naquit chez d'honnêtes gens; on administra régulièrement à ce poupon un breuvage composé de deux tiers d'eau et d'un tiers d'eau-de-vie; au milieu de janvier, il était mort. Et ses parents attribuent cette mort à la méningite qui l'a emporté. Cette ignorance n'est-elle pas effroyable? On parle des « ténèbres du moyen-âge »; croyez-vous que nous vivions dans la lumière? Cette ignorance est commune à toutes les classes de la société. Un jeune homme riche me disait récemment, pour m'être agréable, et avec une candeur parfaite : « Je ne bois jamais d'alcool; je ne prends que des liqueurs. Ah! par exemple, mon rhum ou mon cognac, j'aurais de la peine à m'en passer. » Mais écoutez Renan lui-même, qui n'était pas un

ignare, et qui écrivait cependant, à la fin de sa vie, dans sa
« Préface à l'*Avenir de la Science*, » le faux aphorisme suivant :
« Supprimez l'alcool au travailleur, dont il fait la force, mais
ne lui demandez plus la même somme de travail. »

Dès lors, la grande majorité des Français étant matériellement et mentalement alcoolisée, faut-il s'étonner de l'inertie
générale en matière d'anti-alcoolisme? Nous-mêmes, les ennemis jurés de l'alcool, nous finissons par ne plus remarquer les
réclames impudentes qui recouvrent les murs, les débits qui
encadrent les boulangeries, les gares où tout voyageur, pour
gagner la salle d'attente, doit passer entre le dépôt de journaux
et le comptoir de dégustation, c'est-à-dire entre les trophées
de la pornographie et de l'alcoolisme. *Notre conscience est devenue calleuse par l'accoutumance!* Qu'en sera-t-il donc pour ceux
qui ignorent le péril que nous dénonçons? Un homme ivre
n'attire plus l'attention; il fait partie intégrante de nos paysages
citadins. Il est encouragé par une indulgence extraordinaire; il
tend à devenir un être mystique, un personnage sacré, à la
manière des fous dans l'antiquité. Le mois dernier, un dimanche après-midi, dans une des rues les plus commerçantes de
Rouen, un buveur gisait en travers du trottoir. Un cercle bien-
veillant s'était formé autour de lui. « Je le vois ivre à chaque
instant disait une commère avec pitié, mais jamais dans cet
état. » Une voisine bien mise ajouta : « N'essayez pas de le
relever; il va se reposer. » Puis, s'adressant avec sérieux et
compassion à l'ivrogne, pendant qu'une main protectrice lui
replaçait la casquette en tête : « Appuyez-vous, mon père. »
Mon père! Je n'aurais jamais cru que ce terme honorifique,
banni du langage républicain, serait réservé de nos jours aux
ecclésiastiques et aux buveurs. Voilà jusqu'où va le respect de
l'alcool! J'ai bénéficié moi-même, assez plaisamment, de cette
inénarrable indulgence. Voyageant dans le Calvados, j'avais
remis à l'un de mes compagnons de route une petite feuille
imprimée, intitulée : « Ce qu'on peut voir en France! » et dans
laquelle je racontais la chute sanglante d'un ivrogne sous mes
fenêtres. Quand mon compagnon eut achevé sa lecture, j'ajou-
tai : « C'est à moi que c'est arrivé! » voulant dire : « C'est moi
qui suis le témoin oculaire de cette scène. » Mais l'autre com-
prit que je me vantais d'être personnellement le héros même
de cette histoire émouvante, et il me considéra avec une placi-
dité qui me rendit rêveur. Si je l'ai bien compris, il se contenta
de me répondre : « Alors, vous vous étiez entêté. »

Voilà où en est l'opinion publique dans le peuple. Quand
Sébastien Faure lança son *Journal du peuple*, il publia un

programme où se trouvaient ces mots : « Nous disputerons le
cœur et l'esprit des foules aux criminels qui les empoisonnent. »
Quelle meilleure définition du mastroquet? Eh bien! dès son
premier numéro, le *Journal du peuple* étalait une réclame en
faveur de l'absinthe. J'écrivis aussitôt à Sébastien Faure, pour
le conjurer d'entreprendre franchement la lutte contre l'alcoolisme; et non seulement il ne me répondit pas, mais, quelques
semaines plus tard, on m'assurait qu'il avait revendiqué pour
le prolétaire, dans ce prétendu *Journal du peuple*, le droit à
l'ivrognerie. C'est le même droit que le socialiste Lafargue vient
de revendiquer monstrueusement, en ces termes : « Il faut
que le Prolétariat retourne à ses instincts naturels, qu'il se
contraigne à ne travailler que trois heures par jour, à fainéanter,
à bombancer le reste de la journée et de la nuit » (Pamphlets —
socialistes) (1).

Voilà pour le peuple et pour ses meneurs. Mais l'opinion est
tout aussi malade ailleurs. Il s'est trouvé de *grandes administrations* pour ajouter un cabaret roulant aux trains de banlieue. Je
ne sais quel édile a même proposé la création de tramways-
bars. Tel fonctionnaire de la *Compagnie des chemins de fer de
l'Ouest* a interdit l'affichage de mes placards antialcooliques
dans les gares, en alléguant l'exemple de la Compagnie du Nord,
qui réalise de gros bénéfices par le trafic des alcools, et l'exemple de l'État, qui arrondit ses recettes par un impôt, non point
restrictif, mais productif de l'alcool. Il y aurait des faits
navrants à citer sur l'indifférence qui règne encore dans
l'Université à l'égard de l'antialcoolisme ; tel professeur, chargé
de dénoncer le péril, en rit devant ses élèves; ailleurs, ceux-ci
déchirent, sans les lire, les brochures sur ce sujet. Il y aurait
également beaucoup à dire sur l'attitude assumée par le *corps
médical*, depuis le médecin qui va répétant la banale formule :
« Un petit verre d'eau-de-vie ne fait pas de mal! » jusqu'au
docteur qui formule gravement cet aphorisme plus compliqué :
« Je donne de l'eau-de-vie aux ouvriers, afin qu'ils ajoutent un
édulcorant à leur café. » Un édulcorant! le mot est une trou-
vaille. Et que dire de *la presse?* Permettez-moi deux courtes
citations, qui vous laisseront entendre comment certains jour-
nalistes comprennent leur sacerdoce. *Le Siècle* publiait, en 1895,
sauf erreur, les lignes suivantes : « Le Dr Lancereaux ne nous
reconnaît pas le droit à l'apéritif. Et au nom de quoi? De l'hy-

(1) Les socialistes belges mènent hardiment la campagne antialcoolique. Cf. Vandervelde : *Le parti ouvrier et l'alcool*, (5 cent. Bibliothèque de propagande socialiste).

giène! Qu'est-ce que c'est? Ordonne-t-elle aux gens de se priver de ce qu'ils aiment?.... Est-ce parce qu'il a des intérêts
dans une laiterie de vaches phtisiques, ou dans une Compagnie
d'eau, qui est un poison si elle n'est pas bouillie à 150° pendant
5 minutes, qu'il veut nous interdire l'absinthe? Est-ce qu'elle
contient des microbes, comme l'eau de la Vanne, ou telle et
telle eau minérale? » En 1896, la *Revue générale des sciences
pures et appliquées* publiait un article très calme, et d'autant
plus significatif, intitulé : « L'état actuel et les besoins de
l'industrie des eaux-de-vie et liqueurs en France. » L'auteur,
avec une fierté naïve, chante les beautés de cette industrie
nationale : « La France occupe incontestablement la première
place dans l'industrie des eaux-de-vie de consommation. Elle
est hors de pair pour la production des eaux-de-vie de vin, et,
en particulier, pour les eaux-de-vie de qualité supérieure de la
Charente, dont la réputation est universelle. Elle occupe également une place très honorable dans l'industrie des liqueurs.
Est-ce à dire qu'elle ne doive craindre aucune concurrence, et
qu'elle ne doive pas surveiller avec soin cette industrie impor-
tante? » Le digne auteur néglige de dire à quel point la France
occupe un rang « très honorable » sur la liste des pays attaqués
par l'alcoolisme, puisqu'elle détient la première place.

Voulez-vous savoir, maintenant, quel est l'état d'esprit de la
bourgeoisie, voire de la noblesse? Un Monsieur dont le nom
comporte une particule, a bien voulu écrire une réfutation, en
trois points, des Sociétés de tempérance. J'ai eu le privilège de
la copier tout entière; la voici, *in extenso :* « 1° Le vin réjouit
le cœur de l'homme (Ps. 104, 15); 2° Prends un peu de vin
pour ton estomac (1 Tim. 5, 23); 3° Qui veut faire l'ange fait la
bête (Pascal). » J'aurais préféré que ce littérateur se réclamât
plutôt de Renan, car celui-ci a jeté aussi quelques flèches contre les Sociétés de tempérance. « C'est là une véritable indignité,
s'écrie-t-il. Priver les pauvres gens de la seule joie qu'ils ont!
Pourquoi voulez-vous empêcher ces malheureux de se plonger
un moment dans l'idéal? Ce sont peut-être les heures où ils
valent quelque chose. » *(Eau de Jouvence)*. Cette dernière idée
lui tient au cœur. Il la formule encore en présentant l'apologie
de l'ivresse : « Qu'on la rende seulement douce, aimable,
accompagnée de sentiments moraux. Il y a tant d'hommes
pour lesquels l'heure de l'ivresse est, après l'heure de l'amour,
le moment où ils sont les meilleurs! » *(Feuilles détachées)* (1).

_____

(1) Renan consent, néanmoins, à distinguer entre la vertu et l'ivrognerie : « Le moyen de salut n'est pas le même pour tous. Pour l'un, c'est

De ces spirituels blasphèmes, il appert que Renan n'a jamais été la femme d'un ivrogne.

Ce qui est plus grave encore que tout le reste, c'est l'indifférence de l'Église, qui devrait être la grande génératrice de force morale dans l'humanité. Je ne rappellerai pas le mot du prêtre qui refusa de collaborer avec moi à la lutte contre l'alcool, « parce que, disait-il, je n'ai pas besoin de société de tempérance, ayant le saint Sacrement. » Mais, au sein de l'Église protestante, combien de consciences qui restent fermées à l'intuition nécessaire, au devoir sacré de la croisade à mort contre l'alcool ! Nous avons dans nos paroisses, et jusque dans nos conseils ecclésiastiques (1) des hommes de bien, qui demandent à un trafic homicide l'or qu'ils distribuent ensuite à des œuvres de bienfaisance. On a vu de futurs pasteurs, et même de futurs missionnaires évangéliques, frémir à la pensée d'entrer dans une association qui leur enlèverait le droit de boire du punch. Des étudiants en théologie recevaient naguère les étudiants d'une université voisine, venus pour disputer un « match de foot-ball. » Dans le petit discours officiel qui leur fut adressé par un futur pasteur, celui-ci s'excusa de ne pas leur offrir de punch. « C'était dû, affirmait-il, aux fâcheux scrupules de plusieurs étudiants en théologie, lesquels faisaient malheureusement partie d'une certaine Ligue, à laquelle il se flattait de ne pas appartenir. » Cette Ligue était celle de l'Union française antialcoolique (2). Citons encore un fait intéressant. *L'Association protestante pour l'étude pratique des questions sociales* est composée de pasteurs et de laïques ouverts aux idées généreuses, et leur programme implique la lutte contre les fléaux de l'heure présente. Réunis à Montauban, ils entendirent un vigoureux plaidoyer de M. le pasteur Jean Bianquis — un précurseur auquel nous sommes heureux de rendre hommage — en faveur de l'abstinence des boissons alcooliques. On l'écouta, mais le rapporteur quitta le congrès sans avoir obtenu une seule adhésion « pratique » à la « Société de la Croix-Bleue ». L'année suivante, à Bordeaux, on rappela « ce rapport magistral sur les dangers de l'alcoolisme, » et le congrès s'applaudit d'avoir « préconisé la fondation de ligues antialcooliques. » Néanmoins, et immédiatement après ces

la vertu... pour d'autres, la curiosité, les voyages, le luxe... au plus bas degré, la morphine et l'alcool. » (Feuilles détachées).

(1) Tel consistoire fait argent de la location d'un débit.

(2) Depuis lors, plusieurs étudiants de la Faculté de Montauban sont entrés dans la Société de la « Croix-Bleue ».

déclarations, les membres de l'Association parcoururent, avec admiration, « l'exposition si complète de vins et spiritueux » alors offerte aux regards des visiteurs français et étrangers. Et, le lendemain, un banquet de 160 convives réunissait, dit une feuille religieuse, ces «vrais amis du peuple. » Le journal ajoute, sans malice aucune : « D'excellents vins du pays vinrent disposer les assistants à s'associer avec enthousiasme aux toasts divers qui ont clos le banquet. » Voilà comment une élite protestante entendait la lutte contre l'alcoolisme, il y a peu d'années.

Dès lors, il ne faut pas s'étonner si cette lutte est encore impopulaire dans le grand public. J'ai assisté, dernièrement, aux assemblées générales de deux associations rouennaises contre l'alcoolisme; elles se sont tenues à des jours différents, dans des locaux différents, mais dans des salles à peu près vides l'une et l'autre. L'une de ces associations est l'Union française antialcoolique; j'ai eu l'honneur de prendre part à sa fondation, en 1898, et cela me permet de relater ici un détail qui ne manque pas de saveur. Dès le lendemain de la séance constitutive, nos statuts étaient déposés à la préfecture; puis les jours et les semaines s'écoulent, sans que l'autorité compétente nous octroie signe de vie. Nous attendions avec impatience l'autorisation nécessaire pour inaugurer notre campagne. Enfin, l'administration s'ébranle, et elle nous envoie de ses nouvelles, sous la forme d'un sergent de ville, chargé de passer chez les membres de la Ligue en formation, afin de rechercher la date exacte de leur naissance! Croyez-vous qu'il faille surmonter autant de barrières pour ouvrir un débit de liqueurs fortes? Une simple déclaration à la mairie suffit.

J'estime que ces constatations multipliées vous apparaîtront comme une réponse adéquate à la question que nous nous posions, en ces termes : Pourquoi l'alcoolisme n'est-il pas combattu ? Vous remarquerez que chacune de nos réponses formule un problème moral, et justifie le titre de notre étude. Nous avons commencé par montrer que l'empoisonnement du cerveau humain par l'alcool, et, partant, la fatale déchéance de la raison occidentale, est la plus formidable réalité de l'heure présente; l'existence même de la race, en tant que race supérieure à l'animalité, semble en péril, et voilà pourquoi la question de l'alcoolisme est, avant tout, un problème moral. Ensuite, après avoir courageusement envisagé le mal, nous nous sommes demandé quand il est né. Et la réponse à cette question a fait surgir les problèmes économiques et politiques dont l'ensemble constitue le problème social. Puis, nous nous sommes demandé pourquoi l'alcoolisme n'était pas combattu. Et la

3

réponse à cette question semble tenir dans ces mots navrants : parce qu'il est trop tard ! parce que l'éveil n'a pas été donné assez tôt ! Écoutez ces lignes, qui m'ont été écrites à la fin de 1896, par un apôtre, dont je salue le nom au passage avec respect, le docteur Legrain : « Notre ligue traverse une crise sérieuse. Notre journal, pourtant si utile, cessera sans doute de paraître. Le mal qu'il me donne n'est rien, mais je ne puis payer l'imprimeur avec des cailloux. Je ne rencontre partout qu'indifférence. Les appels douloureux que j'ai adressés, ici et là, se sont heurtés à des sourds et à des muets, même dans le monde protestant (1). C'est à désespérer ! » Voilà où en était l'opinion, il y a moins de 4 ans. Sans doute, elle se réveille, elle se réveille même en sursaut; mais alors se pose un problème philosophique : n'en est-il pas de certaines maladies mentales et morales comme de certaines affections corporelles ?— Lorsque le malade en prend conscience, n'est-ce pas le signe que le mal a terminé son œuvre, et qu'il n'est plus temps de remonter le courant ?

La chose pourrait se soutenir, au moins en ce qui regarde la présente génération d'adultes; et d'ailleurs, en tout état de cause, c'est l'enfance et la jeunesse qu'il faudrait s'efforcer de prémunir, coûte que coûte. Cependant, aux yeux du penseur chrétien, il n'y a pas de décadence inévitable. L'Évangile est le principe de la régénération sociale, autant que de la régénération individuelle. Et c'est pourquoi nous examinerons, en terminant, la troisième question, que nous formulions en ces termes : comment vaincre l'alcoolisme ?

Comment ? — Ici, nous serons très brefs, car ce problème de thérapeutique (encore un problème moral) a été résolu dans d'autres contrées. En Suède, par exemple, l'alcoolisme a été vaincu ; dans d'autres pays, il recule déjà. Nous n'avons qu'à nous inspirer des expériences faites pour formuler certains principes d'action, qui s'imposent à nous, revêtus d'une véritable valeur scientifique. Nous les résumerons en trois points. L'attaque à diriger contre l'alcool, sur un territoire donné, comprend trois activités parallèles : 1º *le relèvement des buveurs* (action religieuse) ; 2º *la modification de l'opinion publique* (action littéraire et morale, par la parole, par la plume et par l'exemple); 3º *la suppression des foyers de l'alcoolisme* (action législative).

Ces trois activités parallèles se retrouvent, *mutatis mutandis,*

_____

(1) Et il s'était adressé aux moines qui s'enferment dans les couvents pour y distiller « l'Élixir du révérend Père Gaucher ! ».

dans la lutte contre toutes les grandes iniquités sociales. S'agit-il, par exemple, du fléau de la guerre? Au relèvement des buveurs, par les membres de la Société de la « Croix-Bleue, » correspond l'enlèvement des blessés, sur le champ de bataille, par les membres de la Société de la « Croix Rouge. » De même, à la transformation de l'opinion, en matière d'alcoolisme, correspond la propagande pacifique par le journal, la conférence, les congrès internationaux, le recours toujours plus fréquent à l'arbitrage. Enfin, à l'action législative correspondra la réduction universelle des armements, la suppression des armées permanentes, et la signature d'un traité de paix, liant à l'avance, et pour une durée déterminée, les nations confédérées d'un même continent.

En ce qui regarde le *relèvement des buveurs*, les réunions de tempérance, les sociétés de tempérance, les restaurants de tempérance, ont fourni leurs preuves. En sourire est la marque d'une ignorance impardonnable, ou d'un esprit arriéré. Ces diverses institutions correspondent à une idée profonde, celle qu'on ne relève pas un buveur uniquement avec des exhortations, mais qu'il faut l'entourer d'un milieu social plus chaud, plus riche que celui du cabaret, lui procurer les distractions nécessaires, satisfaire son ambition légitime de causer, de discuter, de se créer une activité mentale désintéressée. L'application, même partielle, de ces principes, a fait merveille, et les ivrognes guéris se comptent par milliers, démentant ainsi le fameux dicton : Qui a bu, boira! Ils seraient plus nombreux encore, si les asiles pour buveurs se multipliaient, et si l'on recourait davantage, dans ces établissements spéciaux, à l'influence pédagogique de l'inspiration religieuse. Consulté sur les cures opérées dans certains asiles étrangers, le Dr Dubuisson, médecin-aliéniste français, répondait : « Rien n'est plus compréhensible que le résultat obtenu dans ces cas-là. C'est au milieu religieux qu'il est dû, bien plus qu'à l'abstinence. » Le savant a bien vu; a-t-il tout vu? Le milieu religieux que les chrétiens s'efforcent de former pour les buveurs, ce n'est pas seulement un ensemble d'habitudes extérieures et d'enveloppantes influences, mais c'est *un milieu intérieur*, pour ainsi dire, une régénération du cœur, pour employer une vieille et toujours nouvelle formule. Et c'est pourquoi la Société de la « Croix Bleue » énonce en ces termes, très franchement, le but qu'elle poursuit : « Travailler, avec l'aide de Dieu et de sa Parole, au relèvement des victimes de l'intempérance » (1).

(1) Personnellement, nous regrettons la rédaction de cette proposition; on dirait, dans cette phrase, que la Parole est une entité indépendante

En ce qui regarde l'*agitation de l'opinion publique*, tous les moyens nous paraissent bons. Le meilleur des réveil matin, c'est celui qui fait le plus de bruit. Un journal religieux s'est opposé à l'usage des affiches antialcooliques, sous prétexte que ce procédé sentait la réclame et compromettait le Christianisme. Est-ce que ce journal estimait représenter plus dignement le Christianisme en publiant, dans le même numéro, une annonce en faveur des spiritueux? Voilà de la réclame, dans toute la force du terme, de la réclame commerciale; et, lors même que mes pauvres affiches trimestrielles contre l'alcool (je ne dis pas hebdomadaires, ni mensuelles, je dis trimestrielles) constitueraient une habile spéculation financière, je prétends qu'un chrétien a le droit de faire de la réclame *contre* le poison national, aussi longtemps que d'autres chrétiens feront de la réclame *en faveur* du même poison. L'affichage de ces placards est un moyen très économique et très efficace de propagande; la preuve en est faite (1).

A côté de l'action par l'*affichage* et par la *presse*, il faut signaler la propagande par la *parole*. A ce sujet, permettez-moi de citer quelques belles observations de Channing, sur l'esprit qu'il convient d'apporter dans nos appels à l'opinion. « On ne pousse pas de force les hommes à la modération, écrit-il. Que les tempérants deviennent un parti, qu'ils respirent la violence de l'esprit de parti, ils susciteront des adversaires aussi violents qu'eux-mêmes. Les amis de la vérité ne doivent pas appeler la passion à leur secours, car ceux que domine l'erreur où le vice ont un plus grand fonds de passion, et savent mieux se servir de cette arme. Il faut que les gens de bien parlent en amis de l'humanité; ils ne triompheront pas des méchants par des cris. » Et il ajoute qu'ils n'en triompheront pas davantage par le nombre; cette remarque paraît paradoxale, mais elle recouvre une généreuse pensée morale. « L'opinion publique, écrit Channing, ne peut pas faire pour la vertu ce qu'elle fait pour le vice. C'est l'essence de la vertu que de regarder par delà l'opinion. Le vice est compatible avec la servitude de l'opinion; c'est de là, très souvent, qu'il tire sa force. L'opinion est donc un moyen dont il faut se servir avec précaution, parce que l'esprit qui lui cède passivement sentira bientôt que c'est une influence débilitante. Nous sommes trop disposés à rechercher pour la

de Dieu, et dont on invoque le secours. Nous aimerions mieux, par exemple : Avec l'aide de Dieu, et par l'Évangile.

(1) S'adresser à l'éditeur Aberlen, Vals (Ardèche). — Abonnement 1 fr. 20 par an. (Format 83 centimètres sur 62).

vertu le pouvoir de la mode ; il faut lui assurer le pouvoir de la conviction. » Inspirons-nous de ce noble idéal dans notre propagande par la parole. Ah ! certes, en présence de l'alcoolisme et des maux hideux qu'il accumule, devant ces abimes de souffrances, d'une part, et ces montagnes de lâchetés, de l'autre, il est impossible de retenir l'expression d'une douleur et d'une indignation sacrées. Mais il faut que nos invectives mêmes, comme les malédictions proférées par Jésus contre les pharisiens, soient le rayonnement d'une intense et surnaturelle charité.

J'en viens au moyen de propagande le plus simple, le plus silencieux, le plus efficace : *l'abstention personnelle*. Le philanthrope que nous citions tout à l'heure, véritable incarnation de la tolérance éclairée, a prononcé ce verdict : « Aujourd'hui, celui qui fait usage de boissons fortes, ou en offre à ses hôtes, se range parmi les ennemis de l'humanité. Il déserte la bannière de la réforme sociale. » Telle était à ses yeux la valeur de l'abstinence. Pour moi, je n'irai pas jusqu'à formuler un pareil jugement ; il faudrait au moins s'entendre sur le sens précis de l'expression : « boissons fortes. » Mais voici ma conviction raisonnée : soit qu'il s'agisse de l'abstinence à l'égard des seules boissons distillées, eaux-de-vie, liqueurs, apéritifs, etc., soit qu'il s'agisse de l'abstinence à l'égard de toutes les boissons fermentées (vin, bière, cidre, etc.), *l'exemple d'un seul abstinent convaincu sert la bonne cause, plus que toutes les affiches et toutes les conférences*. Cet unique abstinent devient légendaire dans son quartier ou dans son village — j'en parle par expérience. — Sans ouvrir la bouche, et en posant simplement la main sur son verre, au moment psychologique, il devient un gêneur très opportun, un éveilleur d'esprits, un inquiéteur de consciences, un libérateur d'esclaves. Qu'on le raille, ou qu'on l'admire, le but est atteint ; son acte a saisi l'opinion publique. Il a personnellement grandi par l'exercice de sa volonté, et il a orienté d'autres créatures humaines vers le chemin où tombent les chaines. Se réclamer du droit au renoncement, et l'exercer dans sa plénitude, envers et contre tous, ah ! c'est savourer l'indépendance royale d'un fils de Dieu, et collaborer, avec une force tranquille, à la rédemption de la société. Auprès de cette réalité-là, massive comme le Mont-Blanc, que sont les brouillards évanouissants qui s'accrochent à ses flancs ? Que valent des objections tirées de *la liberté bien entendue* (pourquoi signer ?) — ou de *la moralité évangélique* (user sans abuser) — ou de l'*Écriture Sainte* (« tout ce que Dieu a créé est bon ? ») Nous ne rejetons théoriquement aucun de ces principes ; mais le monde où nous vivons n'est pas un monde théorique, et, dans la pratique, nous estimons, nous les abstinents, qu'il est utile, nécessaire, urgent, de courir au plus pressé, et d'imiter cet enfant sublime qui préserva sa patrie contre l'irruption des flots de la mer, en bouchant la fissure d'une digue avec son propre vêtement. Assurément, la liberté bien entendue, la moralité évangélique, et l'Écriture Sainte, octroyaient à ce héros le droit de se protéger contre le froid de la nuit, en conservant son paletot; mais il s'agissait de sauver des vies humaines, fût-ce aux dépens de sa propre existence, il n'hésita pas!

Voilà notre conception des choses, à nous qui renonçons à quelques chétives prérogatives pour le salut de nos frères; on voudra bien croire que cette attitude renferme plus de philosophie vraie, et plus de sage pédagogie que l'attitude préconisée l'an dernier à Montpellier par un membre correspondant de l'Académie de Médecine, docteur et professeur, qui termina comme suit une conférence intitulée : *Pourquoi et comment il faut combattre l'alcoolisme*. « Voyez-vous ce banquet de l'avenir, où les convives, mornes et sobres, abstinents et végétariens, seront attablés en face d'un plat de lentilles et d'une bouteille d'eau de Vals! Gardons le vin, tel que Dieu l'a donné à l'homme. Au lieu du bar et du débit, revenons aux cabarets de faubourg et de banlieue, aux treilles joyeuses, aux chansons saines et gauloises. »

Avant de conclure, il me reste un mot à dire sur l'*action législative*. Je crois fermement que le relèvement individuel des buveurs, et l'agitation de l'opinion publique, ne sont que les conditions préliminaires d'une intervention effective de l'État dans la lutte à mort qui s'est engagée contre l'alcoolisme. J'avoue ne point admirer l'intrépidité logique de certains économistes, qui crient au « Socialisme collectiviste » dès qu'une loi touche à la liberté du commerce. Ils diraient volontiers : « Périsse la France alcoolisée, plutôt que le droit des distillateurs et des débitants à lui injecter du poison dans les veines! » Heureusement, le règne de ces idéologues est terminé. Preuve en soit les courageuses paroles prononcées récemment, au Havre, par M. Raoul Biville, professeur en droit à la Faculté de Caen. Il parlait sur « l'alcool et l'embauchage des ouvriers dans les ports de Normandie, » et, après avoir signalé les scandaleux dénis de justice dont les débardeurs étaient victimes, il ajoutait : « C'est à l'État d'intervenir dans le contrat du travail. Là où le faible est la proie du fort, là où la liberté est violée dans la réalité des faits, là où l'inertie des uns ne parvient pas à vaincre la méchanceté des autres, c'est à la puissance publique de remplir son rôle de protectrice de chacun des membres de l'État. Il y a là un socialisme nécessaire, qui est de l'essence même du rôle de l'État. » Socialisme nécessaire, voilà bien le mot de la situation.

Nous voilà parvenus au terme de notre étude. Nous avons d'abord essayé de fixer l'étendue du mal. Puis, nous nous sommes demandé quand l'alcoolisme est né, pourquoi il n'est pas combattu, comment on pourra le vaincre. Il n'échappe à personne que la dernière question, comme les autres, constitue un problème, sinon insoluble, du moins irrésolu en France. Croire que le fléau pourra céder devant les efforts combinés de tous ceux qu'inspire, consciemment ou non, la grande espérance évangélique, c'est beaucoup. Mais le fléau cédera-t-il? Voilà le point noir. Cela dépend en partie de vous. La cause de l'alcoolisme a beaucoup de soutiens, dans certains milieux, mais elle a peu d'apôtres. Il faut, d'abord, que chacun d'entre nous ouvre davantage les yeux, médite plus sérieusement sur les spectacles de la rue, collectionne des faits avec patience, étudie sa rue à fond. Il faut aussi que l'Église comprenne la nécessité de créer des ministères nouveaux, utilise les matériaux que la sociologie lui fournit, réforme ses diaconats ou les complète par des institutions similaires, mais plus agressives, plus hardies, oriente les enfants de ses écoles et de ses catéchismes, ou les jeunes gens de ses Unions chrétiennes, vers la croisade antialcoolique, emploie ou suscite les bonnes volontés latentes, non seulement au sein de la congrégation des professants, mais dans la masse, inerte en apparence, des paroissiens, ou des hommes qui se tiennent éloignés du sanctuaire. Il faut, enfin, que nous apprenions à souffrir; entreprendre le combat contre l'angoisse et l'iniquité sociales, c'est engager la lutte où Jésus a laissé sa vie. Or, il ne sied pas de s'aventurer, en se jouant, sur la *via dolorosa*. Il ne convient pas de revenir toujours indemne d'une mêlée où il y a des coups à recevoir. Le choc des sobres contre les alcoolisés, c'est le choc du pot de terre contre le pot de fer, et nous n'avons pas réellement heurté l'adversaire, si la rencontre s'opère sans fêlures pour nous, ou même sans cassures. Ah! demandons au Fils de l'homme le secret de la sympathie rédemptrice, et de l'intercession qui libère; demandons au Héros de Gethsémané le secret d'accomplir sérieusement les actes sérieux. J'ai eu l'honneur de serrer la main à des silencieux, qui avaient compris le rôle du sacrifice dans la campagne contre l'alcool. Je pourrais citer une humble épicière, accablée par les charges de famille, et qui trouvait un précieux appoint dans la vente de l'eau-de-vie. Elle y a renoncé spontanément, par conscience, et m'a offert cette grande nouvelle comme cadeau de jour de naissance. J'ai eu le privilège aussi de lire la lettre suivante, adressée à une tierce personne : « Mon mari est marchand de vins et spiritueux en gros, et nous sentons que ce commerce est incompatible avec le titre de chrétien, car nous poussons à la vente de l'a'cool, sous toutes ses formes, puisque, plus la consommation est grande, plus notre commerce est prospère. Et nous ne voulons plus être associés à cette œuvre diabolique, qui consiste à ruiner moralement et corporellement nos concitoyens. Nous ne possédons pas assez de fortune pour élever nos enfants sans travailler, et nous laissons une situation fort belle ; aussi cette résolution que nous avons prise, d'accord avec notre conscience, sera traitée de sottise. » Il y a là quelque chose de stoïque, de cornélien, ou, plus simplement, de chrétien, qui émeut jusqu'au fond de l'âme. Voilà de quelle trempe il nous faut des combattants. Eux seuls sont dignes d'entrer dans la lice.

Pour moi, je ne chercherai pas d'autre conclusion à notre étude. L'alcoolisme est un problème moral : le mystère de sa naissance est un problème moral ; le mystère de sa propagation, sans obstacle, à travers l'universelle indifférence, est un problème moral ; le mystère, enfin, le redoutable mystère qui plane sur l'issue de la lutte tardive qui se dessine contre l'alcoolisme constitue, plus que tous les autres, un problème moral ; car la victoire ne s'achètera qu'au prix de sacrifices authentiques et d'immolations dignes de ce nom, et la question finale est de savoir si nous sommes capables de les fournir.

Le sommes-nous ? La réponse est aux actes. Debout, et en avant ! Nous avons des formulaires tout prêts pour inscrire des engagements d'abstinence ; que les volontaires donnent leur nom pour la croisade. Debout, et en avant ! Prouvons le mouvement en marchant ; prouvons l'Évangile en évangélisant ; prouvons le Roi-Sauveur, en constituant le Royaume du Messie parmi les hommes, parmi les Français, parmi les alcoolisés !

WILFRED MONOD.

LA TEMPÉRANCE

ET

LE MINISTÈRE PASTORAL

J'ai eu l'occasion, le printemps dernier, dans une réunion des délégués des sections parisiennes de la Croix-Bleue, de dire quelques mots des services que la tempérance m'avait rendus dans l'exercice de mon ministère. Nos excellents amis, les organisateurs du présent Congrès, se sont empressés de mettre la main sur moi; ils m'ont prié de traiter devant vous le sujet que je vais brièvement exposer : *La Tempérance et le Ministère pastoral.*

Leur désir, évidemment, serait d'atteindre ceux de nos collègues qui, dans notre pays, sont encore étrangers à l'œuvre de la tempérance, et ces collègues sont l'immense majorité. Malheureusement, ici comme dans beaucoup de nos réunions de tempérance, nous avons lieu de craindre que ceux auxquels nous voudrions surtout adresser nos appels ne soient pas venus pour les entendre.

L'abstention d'un si grand nombre de nos collègues, à l'égard de la tempérance, a des motifs très divers. Il en est, il faut le dire, de très mauvais, il en est aussi que l'on peut comprendre. Nous n'attendrons pas que certains pasteurs âgés et fatigués emploient des moyens d'évangélisation absolument nouveaux pour eux. D'autres, et j'en connais, écrasés par leur travail, croient ne pouvoir ajouter utilement une charge nouvelle au fardeau trop lourd, qu'ils portent déjà. Mais combien d'autres sont retenus simplement par l'indifférence et la force d'inertie. Plutôt que de mettre la main à l'œuvre pour lutter avec nous contre le fléau qui nous dévore, ils préfèrent ne se priver de rien, ne s'imposer aucune règle gênante, et, pour endormir les picotements de leur conscience, ils se livrent sur notre compte aux plaisanteries faciles que l'on connaît. Il en est, chose étrange, qui s'intéressent à la tempérance, et même qui pratiquent l'abstinence, mais se refusent à prendre un engagement, à se lier; ils ne voient pas le très grand avantage qu'il y aurait à réunir toutes les bonnes volontés en un même faisceau. Enfin, beaucoup sont effrayés par les singularités, les erreurs positives dans lesquelles sont tombés, soit chez nous, soit à l'étranger, en pays anglosaxons surtout, certains apôtres de la tempérance.

Il faut reconnaître franchement ces erreurs, et ne conserver avec elles aucune espèce de solidarité. Non, la tempérance n'est pas une vertu supérieure qui pourrait au besoin dispenser de toutes les autres, de sorte que, pourvu qu'on fût tempérant, on aurait le droit d'être déshonnête en affaires, d'avoir un caractère détestable, d'être menteur, médisant, et le reste. Non, la tempérance ne nous procure pas un mérite qui nous permettrait de lever la tête devant Dieu et de juger les autres du haut de notre sainteté. Non, la tempérance n'est pas une religion nouvelle à substituer au simple christianisme. Tout cela sont de dangereuses folies que nous repoussons absolument.

Mais cela concédé, largement concédé, nous avons hâte d'ajouter qu'un pasteur peut trouver dans la tempérance une source de forces, de grâces, pour sa vie personnelle tout d'abord, pour son ministère ensuite.

I. *Pour lui-même tout d'abord*

On comprendra qu'ayant à parler devant un auditoire qui n'est pas uniquement composé de pasteurs, je m'exprime avec une réserve à laquelle je ne me sentirais pas obligé si je n'avais devant moi que des collègues; il est plus délicat de parler de ses amis que de leur parler à eux-mêmes. J'espère, dans ce que je vais dire, ne me départir en rien de la juste mesure.

J'estime donc que, pour le pasteur lui-même, la tempérance sera souvent une *sauvegarde*.

Nous savons très bien qu'il ne suffit pas d'être pasteur pour être garanti contre des dangers auxquels tout homme est en butte. En tout cas, si notre ministère nous épargne quelques tentations, nous sommes par le fait de notre situation plus exposés que d'autres à certains périls.

Nous faisons comme pasteurs beaucoup de visites; or il est d'usage, dans certains milieux, à la campagne en particulier, d'offrir des rafraîchissements à ceux qui viennent vous voir, et il n'est pas toujours facile de refuser. Je me rappelle une visite chez un marchand de vins. Je n'aime pas du tout aller chez les marchands de vins, mais eux aussi ont une âme à sauver. J'entre donc un jour dans un débit; je suis reçu par la patronne de l'établissement : « Vous désirez, monsieur? — C'est moi qui suis le pasteur. — Ah! le pasteur, très bien! Vous allez prendre quelque chose; qu'est-ce qu'on peut vous offrir? — Oh! merci, rien du tout! — Allons donc, vous prendrez bien un rhum! — Non, merci, je ne prends rien! — Ah! vous n'aimez pas le rhum; mais nous avons du marc, du vieux, du très bon... Garçon, un marc pour monsieur! — Non, madame, je vous assure, je ne prendrai rien du tout! — Mais, pourquoi donc, qu'est-ce qu'il y a? — Eh bien, je ne prends jamais rien, je suis membre d'une Société de tempérance. — Ah!... » Vous voyez d'ici l'effet produit par ma déclaration. On s'assit; mais je suis obligé de dire que la conversation ne put arriver à une allure cordiale; j'avais du reste d'autres choses à dire à cette femme qui ne devaient pas lui être des plus agréables. Quoiqu'il en soit, la tempérance avait coupé court à ses offres pressantes et m'avait délivré. Mais représentez-vous un pasteur cédant à de telles sollicitations, puis quittant cette maison pour se rendre dans une autre, et se croyant obligé, pour ne pas faire de jaloux, de céder encore, et prenant l'habitude, par condescendance pastorale, d'absorber ici et là quantité de petits verres. La chose n'est pas du tout impossible. La Croix-Bleue vous protège contre ce danger.

Je continue : le pasteur est, dans les milieux bourgeois surtout, un homme invité; on l'invite à des dîners, à des repas de noces, à des fêtes diverses. De telles réunions sont pour tout homme un piège; et si le pasteur y est reçu

respectueusement, cordialement, qu'on ne s'y trompe pas,
il n'en est pas moins, même dans les circonstances les plus
favorables, observé, observé de près, et presque toujours
critiqué. On a dit du Maître qu'il était un mangeur et un
buveur (Math. XI, 19), comment ne le ferait-on pas de ses
serviteurs, surtout s'ils s'y prêtent si peu que ce soit!
Quelle protection contre les autres et contre nous-mêmes
que notre verre d'eau claire! Voici le pasteur placé, de
prime abord et sans difficulté, sans discussion possible,
dans son rôle; donnant, par sa présence et par son attitude,
le ton à toute une société, imprimant à une fête de famille.
un caractère de convenance qu'elle n'aurait peut-être pas
sans lui; et trouvant par surcroît l'occasion facile de faire
à ses auditeurs attentifs une petite prédication de tempérance, une prédication qui portera plus loin que beaucoup
d'autres. Quel privilège!

Je me rappelle comment pour la première fois je fus
rendu attentif au grand sérieux de l'œuvre poursuivie par
la Croix-Bleue. C'était il y a une vingtaine d'années; un de
mes collègues, un ami, avait signé l'abstinence, il ne buvait
plus que de l'eau. Nous le remarquâmes aussitôt, et le fait
nous étonna d'autant plus qu'il était plus rare à cette époque; nul pasteur peut-être, en France, n'avait encore pris
d'engagement. Mon ami me raconta donc qu'un soir, après
un grand dîner, il s'était aperçu qu'il n'avait plus ses idées
absolument claires; la terreur l'avait saisi à la pensée qu'il
pourrait, aimant le bon vin, être entraîné sur une pente
fatale et devenir, lui pasteur, un objet de scandale; il n'y
avait qu'une chose à faire, couper le mal à sa racine; sa
résolution fut prise, il signa l'abstinence totale.

J'ai désiré, tandis que je préparais cette causerie, consul-
ter sur le sujet qui nous occupe plusieurs de mes collègues.
J'ai interrogé des pasteurs qui vivent, comme moi-même,
au milieu de populations ouvrières. Mais j'ai pensé qu'il y
aurait intérêt à connaître aussi l'opinion d'un homme atta-
ché à une œuvre d'un caractère tout différent; pasteur de
l'une des paroisses les plus aristocratiques de la France
protestante, il est en même temps un ami très chaud de la
Croix-Bleue. Je citerai par fragments la lettre que m'a fait
parvenir M. Edouard Sautter :

Pour le pasteur lui-même. Invité souvent à des repas plan-
tureux, luxueux, il arrive au bout de ceux-ci la tête libre,
l'estomac léger, le teint reposé. De ce fait il a une véritable
supériorité sur les autres convives, plus ou moins excités ou
fatigués, alourdis... et cela dans les milieux les plus corrects.

Ainsi la tempérance sera, pour le pasteur, en plus d'une
circonstance, une sauvegarde; c'est, pour ainsi dire, le
côté négatif de son utilité; mais elle lui apporte aussi des
forces positives.

Je me le rappelle très bien, l'ami dont je parlais tout à
l'heure et qui avait signé l'abstinence pour se prémunir
contre la tentation, me disait aussi : « J'éprouve qu'il est
très salutaire pour le chrétien de s'imposer dans sa vie
une privation habituelle. » Rien n'est plus vrai. Nous tou-
chons, je le sais, à une grosse question, celle de l'ascétisme.
Nous savons comment saint Paul l'avait résolue pour lui-
même : « Je traite durement mon corps et je le tiens assu-
jetti, de peur qu'après avoir prêché aux autres, je ne sois
moi-même réprouvé » (I Cor. IX, 27). L'apôtre estimait
qu'il pouvait et devait faire pour remporter une couronne
incorruptible ce que, à côté de lui, des païens accomplis-
saient en vue d'une couronne corruptible. En un temps et
au milieu d'un monde où il semble que tout, et de plus en
plus, soit tourné vers la jouissance, vers la satisfaction des
sens, il est bon que le chrétien, que le pasteur en particulier,
apprenne non à mutiler sa nature, mais à la tenir en bride,
à la dompter en vue d'une fin supérieure. Or, la règle que
nous nous serons imposée sur un certain point fera sentir
ses effets bienfaisants sur d'autres, imprimera, pour peu
que nous sachions être conséquents, son caractère à notre
vie entière ; nous apprendrons le renoncement. Il ne s'agit
pas de mérite, en aucune façon, mais de discipline, et,
tant que nous serons en ce monde, la discipline sera pour
l'homme un exercice fortifiant.

Ceci, je l'ai dit, s'applique d'une manière spéciale au
pasteur, pour la simple raison que, plus que d'autres, nous
devons aspirer à la sainteté. Nous le devons pour nous-
mêmes; nous le devons parce que nous sommes « les
modèles du troupeau » (I Pierre V, 3). C'est le cas ou
jamais d'insister sur ce fait, le pasteur doit donner l'exem-

ple. Nous ne pouvons pas, en un temps où les foules périssent victimes de l'alcoolisme, ne point parler de ce mal horrible : or, il y a quelque chose de plus éloquent que tous les discours, c'est l'exemple; nous montrerons ce qu'un homme peut faire avec un peu de bonne volonté, nous renoncerons à notre verre de vin pour le salut de nos frères, afin de leur tracer la voie. Je redonne la parole à mon correspondant de tout à l'heure :

Dans le courant habituel de la vie, le pasteur qui signe l'engagement, et qui, aimant, en bon français, le bon vin ou la bière, fait volontiers ce sacrifice, par amour pour son prochain, en est spirituellement récompensé. Son Père céleste est content de lui et le lui montre. On peut appliquer au tempérant qui tend à son frère « un verre d'eau froide » (parce qu'il n'a que ça à lui tendre) la promesse du Seigneur : « Il ne perdra pas sa récompense. »

Nous voici conduit, tout naturellement, à la deuxième partie de notre étude : le bénéfice que nous tirerons de la tempérance.

II. *Pour notre ministère.*

Aujourd'hui, tout est au socialisme. Dans l'Église comme ailleurs, on s'occupe de questions sociales. Nous avons tous entendu parler de ce qu'on appelle le christianisme social. Le mouvement est assurément légitime dans son principe; il est juste qu'en présence des masses populaires qui se détournent de la foi, accusant avec colère le christianisme de toutes leurs souffrances, l'Église ne reste pas indifférente. Elle ne peut se contenter d'exhorter les foules à la résignation ou de gémir sur le malheur du temps; il faut agir, c'est-à-dire aimer, se donner, sauver des âmes, et, pour sauver des âmes, commencer par prendre soin des corps, par rendre la vie possible à ceux qui, chair de notre chair, peinent et pleurent à nos côtés. En théorie, cela ne se discute plus, mais les solutions pratiques, proposées par d'excellents chrétiens, ne sont pas toutes indiscutables. Il y a des questions sociales qui sont surtout des questions politiques, et dont un pasteur ne saurait se mêler sans péril grave pour son ministère et pour son Église. Eh bien, en voici une où son intervention ne peut être blâmée. L'alcoolisme n'est que trop évidemment un mal effroyable, mal social en même temps qu'individuel, et, de plus, mal moral, contre lequel doivent se liguer toutes les bonnes volontés.

Un des protagonistes du mouvement du christianisme social dans nos Églises évangéliques de France me le disait récemment : « Sur d'autres points nous en sommes encore à la période des tâtonnements; sur la question de l'immoralité publique, sur celle de l'alcoolisme, notre route est claire, il n'y a plus à discuter. »

Voilà donc une question sociale dont le pasteur peut et doit s'occuper; voilà pour nous une porte ouverte sur un monde qui se ferme de plus en plus à notre influence. Quand vous annoncerez des conférences sur l'alcoolisme, vous n'y verrez pas venir tous ceux que vous voudriez, ni même, tant s'en faut, tous ceux que vous aurez invités, mais vous serez étonné cependant d'atteindre des hommes que vous n'auriez pas touchés autrement, qui vous échapperaient totalement; vous verrez, c'est mon expérience personnelle, se réunir des auditoires que vous n'avez nulle part ailleurs et qui seront attentifs et bien disposés. J'essaye de m'expliquer ce qui les attire et cela ne me paraît pas trop difficile; protestants ou catholiques, détachés de l'Église, indifférents à la prédication de l'Évangile, ils ne refusent pas d'entendre parler d'un mal qui crève les yeux, dont le poids nous oppresse tous, dont eux-mêmes souffrent plus ou moins directement, et auquel personne ailleurs n'a le courage d'apporter les seuls remèdes qui seraient efficaces. Ils ont, à d'autres moments, amèrement jugé le pasteur et son ministère, ils lui savent gré de s'occuper d'une question sociale et qui manifestement a trait au relèvement de la créature humaine, de la famille, de la patrie : « Au moins cela, disent-ils, a un sens et peut servir à quelque chose. » A de tels hommes, le pasteur, à propos d'alcoolisme, fera sans peine entendre des paroles sérieuses sur d'autres sujets encore.

Il y a plus, le pasteur peut espérer d'intéresser et d'associer à son activité non seulement des jeunes gens et des laïques pieux déjà, mais des hommes étrangers jusqu'alors ou même défiants à l'égard de l'Église. Ils se laissent toucher par la pensée d'une œuvre si nécessaire et si belle, ils se rapprochent de vous, ils vous laissent prendre de l'influence sur eux, et, avec l'idée de faire du bien à d'autres, s'en font tout d'abord à eux-mêmes.

Je reviens encore aux notes de M. le pasteur Sauttèr et les cites telles quelles :

L'alcoolisme, c'est mon expérience, fait des ravages dans tous les milieux : l'homme du monde qui a son verre de vin fin à chaque repas et son verre de liqueur avec son café, s'alcoolise ; et il a bon besoin que son pasteur le rappelle à l'ordre.

Un très bon élève d'un des grands lycées de Paris m'affirmait, il y a quelques années, que la grande majorité des rhétoriciens allait au café ; et un étudiant me déclarait que l'usage de l'apéritif était constant parmi ses camarades.

Dans le monde des domestiques, l'alcoolisme bat son plein. Quel rappel à l'ordre pour ceux-ci que le seul fait de constater que des pasteurs qu'ils servent, dans tel ou tel dîner, refusent les excellents vins qui leurs sont offerts, parce qu'ils sont de la Tempérance. Plus d'une fois j'ai été invité par des maîtres à m'occuper de leurs domestiques qui s'alcoolisaient ; on n'aurait jamais eu l'idée de s'adresser à moi si l'on ne m'avait pas su membre de la Croix-Bleue.

Plus les gens auxquels le pasteur a à faire sont haut placés, plus ils ont eux-mêmes de l'influence à exercer autour d'eux. Telle œuvre de tempérance poursuivie à l'heure actuelle par la propriétaire d'un grand château qui a fondé une section de tempérance dans son village, a eu pour origine une conversation que j'ai eue avec elle dans un dîner ; et l'entrée en matière de cette conversation a été l'insigne de la Croix-Bleue que je porte toujours à ma boutonnière. J'attache une très grande importance au port de l'insigne.

J'ai plus d'un fait de ce genre à citer. Il y a quelque temps, un grand industriel, cédant enfin à mes sollicitations, a signé l'engagement Legrain. Je pourrais nommer des banquiers, des officiers, que Dieu m'a permis de gagner à la lutte contre l'alcoolisme par mes arguments et j'ose dire par mon exemple. A vrai dire, la ligue Legrain est plus en faveur que la Croix-Bleue. J'estime qu'il ne faut pas être trop absolu. Je plaide la cause de la Croix-Bleue : si ça ne prend pas, je me rabats sur Legrain ; ceci mène à cela et vaut en tout cas beaucoup mieux que rien...

J'arrive à un autre côté de mon sujet.

Il n'y a rien de plus difficile pour un pasteur qui veut conduire des pécheurs au salut, que de les amener au sentiment du péché, de leur ouvrir les yeux sur eux-mêmes, de leur faire, comme disait un de mes collègues, l'opération de la cataracte ; c'est même si difficile, qu'aucun ministre de l'Évangile, si fidèle, si éloquent soit-il, n'y peut réussir par la seule force de sa parole ; il y faut la puissance du Saint-Esprit.

Quoi qu'il en soit, c'est le point de départ de toute transformation morale : avant tout la repentance ; et le serviteur de Dieu, tout en comptant sur son Maître, s'efforcera, de tout son pouvoir, de la produire dans les âmes. Il sera trop heureux de pouvoir s'attaquer à un péché bien net, connu de tous avec ses effroyables conséquences, et dans lequel se réalise d'une manière tragique la déclaration de l'apôtre : « Le salaire du péché, c'est la mort. » Sans doute, ceux qui en sont atteints le nient presque toujours, se défendent résolument ; ils ne le feraient pas avec tant d'énergie s'ils ne savaient pas que le mal dont ils souffrent est un mal condamnable, honteux, un péché. Sans doute encore, même si vous parvenez à leur prouver qu'ils sont alcooliques, vous ne les aurez pas encore conduits à la repentance ; ils peuvent résister, s'endurcir. C'est quelque chose cependant d'être aux prises avec un ennemi non plus vague, mais connu, vu, touché du doigt.

Puis, en face de quel péché peut-on mieux comprendre et faire comprendre la nécessité de la conversion, dans le sens le plus radical, d'une rupture avec un passé maudit, et d'un renouvellement absolu ? Et quel triomphe magnifique qu'une telle conversion, lorsque vous la verrez s'opérer, la conversion d'un buveur devenant, ou de progrès en progrès, après bien des chutes et des rechutes, ou tout à coup, par un miracle éclatant, un homme nouveau, un humble et joyeux disciple de Jésus-Christ au lieu de la brute immonde et malfaisante qu'il était. Or, de telles conversions, presque incroyables, il y a vingt-cinq ans, même pour nous croyants, se sont produites en nombre ; à tel point que l'on pourrait soutenir cette vérité paradoxale que, grâce aux sociétés de tempérance, l'alcoolisme est devenu, pour certaines Églises, une source de bénédictions sans pareilles ; des buveurs relevés sont devenus, dans certaines paroisses, les modèles du troupeau, des preuves vivantes, des exemples toujours parlants de ce que peut la souveraine grâce de Dieu.

L'œuvre assurément n'est pas facile, il ne faudrait sur ce point se faire aucune illusion.

Ce n'est pas le lieu de discuter la question, soulevée par mon correspondant, de l'emploi concurrent, dans une même société, de l'abstinence totale, selon les principes de la Croix-Bleue, et de la simple tempérance de la ligue Legrain ; je suis pour ce système mixte ; il a ses inconvénients, mais, à mon sens, des avantages plus grands encore. En tous cas, il faut être large, et ici, comme ailleurs, ne pas prétendre imposer à tous une règle uniforme ; faisons en sorte d'employer toutes les bonnes volontés, toutes celles qui sont sérieuses.

Je ne puis pas ne pas mentionner un péril auquel nous, pasteurs, nous sommes exposés. On l'a signalé déjà, mais il est bon d'y insister. Nous pouvons être tentés, pour attirer des personnes étrangères à l'Église, de nous placer et de rester sur le terrain exclusivement scientifique et médical, de ne montrer que les effets déplorables de l'alcool sur le foie ou la rate. S'il est parfaitement légitime et très souvent nécessaire de commencer par là, n'oublions jamais que c'est notre rôle d'aller plus loin, d'arriver à la question morale, la grande question lorsqu'il s'agit d'alcoolisme. Ne soyons pas de ceux qui préconisent un sérum, là où il faut parler de péché, presser les hommes de s'engager hardiment dans la lutte contre le péché.

Cela dit, j'en reviens à ma pensée, l'œuvre de la tempérance n'est pas facile. Il faut organiser des réunions, des conférences, des fêtes, il faut soutenir et réveiller l'intérêt : suivre, surveiller, soutenir, stimuler ceux qui ont été attirés, qui ont ou n'ont pas encore signé un engagement. Attendez-vous à des déceptions nombreuses, à des heures de découragement. Vous apprendrez à connaître votre impuissance, mais à compter aussi toujours plus sur le secours de Dieu ; lui seul opère des miracles, transforme des pécheurs, sauve des âmes perdues. Si vous êtes fidèles, si vous savez persévérer, vous jetterez peut-être le filet en vain pendant longtemps, puis un jour viendra où le Maître vous accordera quelque magnifique succès ; vous serez largement dédommagés de toutes vos peines.

Il faut oser voir la réalité dans toute son horreur. La situation dans notre pays est telle aujourd'hui qu'il n'est guère de paroisse, de paroisse populaire surtout, où le pasteur ne soit conduit, par la force des choses, à se demander s'il ne doit pas fonder une société de tempérance ; à chaque pas il se trouve face à face avec le monstre ; l'évitera-t-il ? cherchera-t-il des palliatifs absolument vains ? ne vaut-il pas mieux attaquer l'ennemi corps à corps ?

Je me rappelle, étant chez un de mes collègues, avoir vu venir un homme d'aspect misérable, un inconnu, qui demandait à lui parler. La visite terminée, mon collègue me raconta que le pauvre homme était venu lui dire son désir de prendre un engagement de tempérance ; il avait fallu lui répondre qu'il n'y avait pas de section de tempérance dans la paroisse... Eh bien, ce pauvre homme, ce malheureux, je me le représente allant de porte en porte, et, pour tous ses compagnons de chaîne, comme pour lui-même, priant, suppliant de lui tendre la main, de le relever, ceux de nos collègues qui jusqu'à ce jour ont refusé de s'enrôler dans notre armée. De porte en porte serait-il rebuté ?... Frères qui jusqu'à ce jour ne nous avez point aidés, qui nous avez entravés plutôt, fournissant des réponses faciles à ceux qui nous résistent, joignez-vous donc à nous maintenant. A l'œuvre avec courage, avec foi ; il s'agit de l'avenir, du salut de l'Église et de la patrie.

JEAN MEYER.

LA SOCIÉTÉ DE TEMPÉRANCE

DE LA « CROIX BLEUE »

La « Croix bleue » n'est guère aimée en France, et non seulement elle ne l'est pas, mais les circonstances actuelles risquent d'augmenter encore l'indifférence des uns et l'hostilité des autres. En effet, dans certaines contrées, la « Croix bleue, » encore inconnue, a pour elle l'attrait de la nouveauté, dans d'autres, celui des services rendus. En Suisse, par exemple, on l'aime à cause du bien si grand qu'elle a fait. Chez nous, la « Croix bleue » n'a plus l'attrait fragile de la jeunesse et pas encore celui des services rendus, parce que les fruits qu'elle porte incontestablement et les guérisons qu'elle a obtenues ne se font pas encore autant remarquer que la rigueur des principes qu'elle professe, que les sacrifices qu'elle demande et que le trouble qu'elle occasionne.

La « Croix bleue » a contre elle des choses qui viennent de Dieu et auxquelles il ne faut pas toucher; elle a aussi contre elle des choses qui viennent des hommes et qu'il dépend de nous d'améliorer.

Nous énumérerons rapidement les premières et un peu plus longuement les secondes.

I

Quelles sont ces choses qui empêchent la multitude d'aimer la « Croix bleue » et auxquelles cependant il faut se garder de toucher?

C'est en premier lieu *l'affreux verre d'eau.*

Il ne dépend pas de nous que l'eau que nous conseillons aux buveurs et à leurs amis soit aussi agréable à la vue et au goût que le vin qu'on leur offre. Nous aurons beau exalter la fraîcheur exquise et la cristalline pureté de l'eau des Alpes, des Cévennes ou des Vosges, beau parler de vins coupés, frelatés, plâtrés, empoisonnés... c'est peine perdue : mieux que notre verre d'eau plaira toujours le « jus de la treille », la « richesse de la France », le « sang du raisin », le « soleil condensé », la « joie en bouteilles », la « force en tonneaux », en un mot le vin, surtout quand il vient de derrière les fagots et qu'il fait « des perles dans la coupe ».

Toujours il paraîtra à la maîtresse de maison que, sur la table étincelante et multicolore, le verre unique et bête de l'abstinent fait tache : c'est la fausse note dans le concert, le clairon d'alarme dans la nuit de fête, bienheureux encore si, mentalement, elle n'étend pas ces qualificatifs au titulaire du malheureux verre d'eau.

Non, nous ne pouvons pas faire que le verre d'eau plaise comme le verre de vin : et le pourrions-nous que *nous ne le devrions pas*. Il est bon, en effet, que cette tache soit là, et qu'elle offusque et qu'elle provoque les questions, les objections et les exclamations. Faute de ce verre d'eau, personne peut-être n'aborderait à cette table la question de l'alcoolisme, sinon peut-être pour louer le Sauterne et le Chambertin ; grâce à lui, on parlera de la lutte contre l'alcool et c'est déjà quelque chose !

Je dis ensuite : Il ne dépend pas de nous que la Société de la « Croix bleue » ne soit flétrie du titre « *d'œuvre anti-française* » ; tout d'abord parce que, pour beaucoup de nos compatriotes, le seul mot de « tempérance » évoque inévitablement une apparition anglo-saxonne, chose insupportable ! Mais ce n'est pas tout : quelque soin que nous mettions à dire et à répéter que nous n'imposons l'abstinence qu'au buveur et à celui qui veut le relever, on nous accusera toujours de vouloir supprimer le vin et arracher les vignes ; or, supprimer le vin, n'est-ce pas compromettre la richesse du pays, méconnaître son génie, renier ses traditions et tuer à jamais sa vieille gaîté ?

Ceux qui parlent ainsi ne voient pas qu'ils font à la

France et à la gaîté française la plus sanglante injure, car,
je le demande, qu'est-ce qu'une gaîté qui se puise non
dans l'esprit et dans le cœur, mais dans un verre? Qu'est-
ce qu'une nation à laquelle il suffirait de devenir sobre
pour perdre son génie? Non, nous ne pouvons rien contre
cela : nous acceptons d'être flétris comme « anti-français »
et « sans-patrie » — étant sur ce point là en fort bonne
société — et nous espérons être d'assez joyeuse humeur
sous cette flétrissure même pour que chacun puisse constater par nous que la vraie gaîté des Français naît dans leur
cœur et non dans leur verre !

Il ne dépend pas non plus de nous que les principes
de la « Croix bleue » soient *plus larges et moins raides*.
Il est parfaitement certain que l'abstinence totale apparaît
à beaucoup comme une mutilation douloureuse, comme
une atteinte à la liberté chrétienne, comme un joug
insupportable... « Si seulement, nous dit-on, vous auto-
risiez comme la Ligue Legrain l'usage modéré des boissons
fermentées qui n'ont jamais fait de mal à personne et qui,
dans certaines régions, sont les seules boissons possibles.
Au lieu de cela, vous interdisez aux Normands leur
inoffensive boisson de cidre, aux Flamands leur petite
bière; vous confondez la raideur avec la fidélité, l'étroitesse
avec l'obéissance, l'aveuglement avec l'héroïsme, et après
cela vous vous étonnez qu'on ne vous suive pas? »

Non, nous ne nous étonnons pas qu'on ne nous suive
pas, nous nous bornons à nous en affliger; mais ce qui
nous étonne et nous afflige en même temps, c'est l'obstina-
tion des honnêtes gens à ne pas vouloir nous comprendre,
c'est qu'après tant d'exemples quotidiens de buveurs morts
dans l'ivrognerie, pour n'avoir connu ou voulu que le
remède trompeur de la modération impossible et après
tant d'exemples de buveurs authentiques corrigés, que dis-
je, transformés par l'abstinence, on vienne encore nous
faire entendre ce vieux refrain : « Pourquoi n'autorisez
vous pas l'usage des boissons fermentées, vous auriez plus
d'adhérents ! » Assurément, nous en aurions davantage.
Jésus-Christ aussi aurait plus de disciples s'il n'exigeait
pas la conversion !

Je dirai ensuite : Il ne dépend pas de nous que la société

de la « Croix bleue » ne participe au *ridicule* qui, en France particulièrement, s'attache à toute œuvre de relèvement.

Aucune ombre de moquerie n'effleure les sociétés qui ont pour but l'organisation du plaisir, même impur, même mortel, même sanglant, et pour résultat la désorganisation de l'âme et de la nation française. Mais qu'une œuvre entreprenne la protection des animaux torturés, des filles séduites, des peuples païens opprimés, tout de suite un léger ridicule s'y attache et en éloigne la multitude de ceux qui tiennent à conserver leur dignité. Cela est tellement vrai que je pourrais citer des enfants dont la mère ne boit jamais une goutte de vin. Ils n'y voient aucun inconvénient aussi longtemps que cette abstinence est une affaire de goût et d'hygiène ;... mais que cette mère abstinente, touchée par la détresse des mères, épouses de buveurs, fasse mine de vouloir entrer dans la « Croix bleue », soyez sûrs que jamais ils ne le lui permettront. L'opprobre de cette humiliation rejaillirait jusque sur eux et rien ne pourrait l'effacer! Cette mère peut continuer à ne boire que de l'eau, mais il lui est défendu de faire de cet acte égoïste une œuvre d'amour utile aux autres.

Contre cela non plus nous ne pouvons rien et nous ne devons rien tenter, car ce léger opprobre a aussi son bon côté. Il mortifie en nous l'amour-propre toujours là, prêt à empoisonner nos moindres dévouements, et il nous apprend à ressembler à notre Sauveur en « méprisant l'ignominie. »

Poursuivons notre énumération. Il ne dépend pas de nous que la « Croix bleue » ne soit pas un « *trouble-fête.* » J'ai dit que le verre d'eau fait tache sur la table. Ce n'est pas seulement sur la table que l'abstinence fait tache, c'est encore dans la vie des familles. Avant qu'elle parût, tout le monde était d'accord et c'était avec une conscience limpide que chacun vidait son verre à la santé de tous. Mais voici que dans telle famille d'ouvriers une jeune fille a signé — les jeunes filles sont si impressionnables, si légères, si aventureuses! — le père est mécontent et la mère grondée. Pour marquer leur désapprobation, les grands frères boivent un peu plus, ou bien encore, prétendant qu'il n'y a plus de plaisir à vider son verre à la table de famille depuis que cette Pharisienne au verre d'eau se permet de les regarder d'un œil sévère ou attristé, ils vont en claquant la porte, s'attabler au café... et voilà une famille bouleversée. Bel ouvrage que celui qu'a fait là la « Croix bleue! » C'est bien le cas de dire qu'au lieu de la paix, elle a apporté l'épée.

Parfaitement! et on peut dire cela d'autres œuvres divines, à commencer par le ministère de Moïse qui eut pour premier résultat de rendre les Israélites encore plus odieux à Pharaon et plus malheureux dans leur servitude; à continuer par celui des prophètes à qui l'on disait comme Achab à Élie : « Te voilà, toi qui troubles Israël? » et à finir par Jésus-Christ et ses apôtres qui n'ont été tout d'abord que des pertubateurs de l'ordre public. Qu'est-ce en France, à l'heure actuelle, qu'un vrai huguenot? N'est-ce pas un « trouble-fête? » Avez-vous honte d'être cela? Non, c'est votre titre de gloire en ce siècle de pornographie. Eh bien, dans ce temps d'alcoolisme, c'est aussi notre titre de gloire d'être appelés « trouble-fête! »

Enfin, je dirai qu'il ne dépend pas de nous que la « Croix bleue », pour plaire davantage, sacrifie, même en partie seulement, *son caractère religieux.* Certes, cette croix de Christ repousse autant de gens que la croix d'honneur en attire. La « Croix bleue » éloigne de nous les catholiques qui aiment la croix et non l'abstinence (ils distillent de si douces liqueurs!), et les libres-penseurs dont quelques-uns aimeraient peut-être l'abstinence, mais méprisent la croix; c'est-à-dire qu'elle nous aliène les deux moitiés du peuple français. Entre ces deux blocs en apparence intangibles, que nous reste-t-il? la pauvre poussière du protestantisme dispersée sur un immense territoire. C'est peu, il est vrai, et comme il ferait meilleur tailler en plein bloc si la France était protestante! C'est peu, mais commençons par être très fidèles à l'égard de cette poussière. Mieux vaut faire au milieu de ces quelques protestants un travail efficace et solide grâce à l'Évangile que tenter dans la multitude une œuvre décevante faute de l'Évangile. Les abstinents qui voudraient dissimuler aux yeux du monde le caractère religieux de la « Croix bleue » me rappellent le roi d'Israël qui se déguisa avant d'aller au combat. Ce travestissement ne l'empêcha pas d'être blessé à mort, tandis que le roi de Juda, qui affronta la bataille en roi, en revint sain et sauf. Imitons-le en tenant haut et ferme l'étendard de la croix. Qui sait ce que Dieu réserve à notre fidélité? Qui sait si, grâce à la croix, l'abstinence ne pénètrera pas dans les masses catholiques et si, grâce à l'abstinence, les masses incrédules n'accueilleront pas la croix? Ce n'est pas l'instrument qui est en défaut, ce sont les ouvriers; les taches ne sont pas sur l'étendard, mais sur les mains qui le portent; ce qu'il faut changer, ce ne sont pas les principes de la « Croix bleue, » mais ses représentants.

J'ai tenu à établir très soigneusement qu'en cherchant comment nous pourrions faire aimer davantage la « Croix bleue, » nous ne prétendions nullement en limer, en biseauter les angles nécessaires, ni en modifier les immuables principes. Toucher à ces bases, serait ébranler tout l'édifice et nous exposer à ce qu'un jour on dise de nous :

Propter vitam, vivendi perdere causas.

En cherchant la vie ils en ont perdu la source!

Mais une fois bien établi que nous maintenons intact tout ce qui est intangible, il convient présentement d'énumérer les points où des améliorations sont possibles et nécessaires.

II

En premier lieu, je dis : Surveillons et suivons plus attentivement les signatures et les signataires.

Ce qui fait aimer et respecter la « Croix bleue » ce n'est pas la quantité des signatures mais leur qualité. Ce qui la déshonore et la déconsidère, ce sont les chutes et les rechutes. A cet égard, il faut reconnaître loyalement que les adversaires ont beau jeu. Ils nous montrent la pile énorme de carnets qui ont été remplis d'engagements et de réengagements, et puis ils nous disent : « De tout cela que reste-t-il? De tant de signatures données et de promesses faites, combien ont été fidèlement tenues? » Si on a calculé que dans une bataille il y a tant de balles perdues, que pour tuer un homme il faut au moins son poids en plomb, on pourrait calculer qn'il faut à peu près son poids en carton pour faire un vrai abstinent, solide, transformé, définitif. J'exagère à dessein pour donner du relief à ma pensée. D'où vient cet écart énorme entre les signatures données et les signatures tenues, sinon du fait qu'avides de recueillir le plus grand nombre possible d'engagements, nous ne sommes peut-être pas toujours assez attentifs, assez scrupuleux, assez sévères sur la nature et la valeur de ces engagements? Il y a certes des cas où nous devons avoir le saint courage d'exercer une pression pour que telle personne consente à signer, il faut oser « la contraindre d'entrer; » et il y a tel autre cas où nous devrions avoir le courage encore plus saint d'oser détourner de l'engagement telle personne qui le prendrait d'une mauvaise manière.

Un jeune homme s'enrola jadis dans l'abstinence uniquement pour mortifier son père, chrétien excellent qui, faute de comprendre nos principes, les condamnait.

Il arrive parfois que tel pasteur, après une réunion tenue dans son église, a pris un engagement d'un mois, soit pour se débarrasser des importunités d'un conférencier-crampon, soit pour calmer celles de sa conscience, soit tout simplement pour ne pas paraître indifférent. Il était d'ailleurs parfaitement décidé à l'avance à ne pas renouveler son engagement. Que vaut une telle signature? Elle peut gagner en valeur si, pendant ce mois d'abstinence forcée et maussade, le signataire, achevant d'ouvrir ses yeux et son cœur, devient un abstinent convaincu et joyeux. Mais s'il persiste dans son attitude première, s'il pousse en public des soupirs d'angoisse sur sa santé compromise et en secret un soupir de soulagement à l'expiration de son engagement, je dis qu'il eût mieux fait de ne pas le prendre du tout; car ce témoignage à rebours donne des armes aux ennemis de l'abstinence et le non-renouvellement de cet engagement fait plus de mal à la cause que l'engagement ne lui avait fait de bien.

Il importe de se rappeler toujours qu'une signature donnée est une promesse faite à Dieu, c'est-à-dire une chose non seulement sérieuse, mais en quelque sorte sacrée et que la sainteté et la majesté de cet engagement doivent participer à la sainteté et à la majesté de Celui qui en est l'inspirateur, le témoin et le but !

Même fidèlement tenu, un engagement peut faire du mal au signataire et surtout à l'œuvre. C'est le cas toutes les fois que les mobiles en sont d'une pureté menteuse ou simplement douteuse, par où j'entends qu'il est destiné à produire en apparence une chose et en réalité une autre. C'est pourquoi je formulerai mon deuxième conseil en disant: Rappelons nous toujours que *le vrai abstinent c'est celui qui est entré dans l'œuvre non pour s'en servir mais pour la servir.*

Je dis « non pour s'en servir. » Quel effet pensez-vous que peut produire sur un philanthrope la visite d'un mendiant qui pour forcer sa charité lui présente sa carte de tempérance ? Cette carte, utilisée comme instrument de mendicité, est généralement d'un blanc très foncé, se rapprochant du noir, et révèle assez justement l'état de l'âme de son possesseur. En tout cas, on peut dire qu'en traînant sa signature de cette manière, cet homme salit l'œuvre de la « Croix bleue » autant que sa carte !

Quel effet peut produire sur un industriel déjà sceptique à l'endroit de la guérison des buveurs, la visite d'un ouvrier de mauvaise mine, qui, pour se faire admettre ou réintégrer, présente au lieu d'un livret ou d'un certificat une carte d'engagement ? Je dis qu'il ne faut pas s'étonner si cet industriel change aussitôt en hostilité méprisante son indifférence première.

Quel effet pensez-vous qu'a produit sur moi une lettre reçue d'un abstinent de la Suisse allemande qui, dans une langue aussi naïve que lui-même croyait l'être peu, commençait par me donner des nouvelles de sa section et puis, sans transition, en venait au vrai but de sa missive en me révélant qu'il était marchand de fromages et désirait que je lui fournisse des renseignements sur les fromages français, entre autres le Camembert et le Petit-Gervais ? Si cet assemblage de communion fraternelle et de commerce, de piété et d'intérêt, de choses d'en haut et de choses d'en bas, produit un si mauvais effet sur les amis de la « Croix bleue », quelle impression pensez-vous qu'il laisse à ses ennemis ? Surveillons donc nos signatures, suivons nos signataires, purifions nos engagements, lavons nos filets et, pour faire aimer la « Croix bleue », servons-la toujours, ne nous en servons jamais !

Je dirai en troisième lieu : Pour faire aimer la « Croix bleue, » *proposons-la, ne l'imposons pas.* Maintenons-la avec un soin extrême dans les limites des principes bibliques et distinguons-la surtout de la Société des « Bons-Templiers. » N'ayons jamais l'air de penser que l'abstinence totale est l'état nécessaire de l'homme et que celui qui use modérément du vin est un être moralement ou spirituellement inférieur à nous.

Ici, il importe de se bien comprendre. Je suis loin de penser que l'abstinence totale soit un régime anormal et contre-nature : l'eau, même de Saint-Galmier, est un produit au moins aussi naturel que le vin, même de Bordeaux, et le buveur d'eau se rapproche de l'état de nature cher à Rousseau, encore plus que celui qui boit du vin. Mais je dis que *s'engager par signature à s'abstenir* de tout usage du vin est pour un homme un état anormal en ce sens que sa liberté est limitée et qu'il est lié.

Il s'est librement lié, mais il s'est lié. Bien loin de craindre cette position anormale, donnons-lui tout son relief. Que l'on comprenne qu'il a fallu une cause extraordinaire pour nous imposer cet état extraordinaire, un mal bien profond pour nécessiter un remède aussi radical. N'ayons pas l'apparence de martyrs qui risquent leur vie, mais n'ayons pas non plus celle de faire une cure d'eau fraîche pour notre agrément et surtout évitons les airs de supériorité morale, de sainteté plus grande, de mépris pharisaïque pour ceux qui boivent encore du vin, allons jusqu'à leur en offrir à notre table (je ne dis pas cela aux anciens buveurs) afin d'éviter le reproche d'attenter à la liberté chrétienne et d'imposer l'abstinence.

Je me rappelle toujours l'irritation que j'éprouvai il y a vingt-deux ans, à Edimbourg, dans une maison où on servit au lieu de vin je ne sais quels liquides qui n'étaient pas « intoxicating. » A leur vue quelque chose fut blessé en moi et ce quelque chose, ce ne fut pas seulement la gourmandise. Depuis lors, je suis entré librement et joyeusement dans la « Croix bleue », mais si je l'aime, c'est à cause de ceux qui me l'ont proposée depuis et malgré ceux qui me l'avaient imposée alors !

Suffira-t-il que nous sauvegardions la liberté des autres pour que la nôtre soit respectée ?

Ce serait évidemment trop demander, car les hommes qui réclament le plus d'égards pour eux-mêmes sont souvent ceux qui en accordent le moins à autrui. Il ne faudra donc pas trop s'étonner si notre silence même est parfois interprété comme une condamnation portée contre les modérés. Jugez-en par la petite scène suivante à laquelle peut-être vous avez parfois assisté.

A une table bien servie, il y a un certain nombre d'abstinents ; il arrive même parfois qu'ils soient la majorité. Le repas se poursuit paisiblement. Les abstinents évitent de s'afficher et poussent le respect de la liberté chrétienne jusqu'à verser du vin à leurs voisins. Vous pensez qu'on leur en saura gré ? Détrompez-vous. Vers la fin du repas, alors que les vins fins se succèdent, on voit tel ou tel modéré prendre l'air à la fois douloureux et héroïquement décidé du martyr chrétien : il vide son verre avec une intime jouissance, puis, levant les yeux comme celui qui va rendre son témoignage, il prononce ces paroles : « A l'heure actuelle, il faut un vrai courage pour oser encore boire un verre de vin ! » Du courage ? mais qui donc vous a menacé, critiqué, regardé de travers ? Personne ne lui a rien dit à ce modéré, et il se pose en martyr ? Jugez un peu si on lui avait dit quelque chose !

Quoi que nous fassions, je crains que nous n'échappions pas aux protestations de ceux qu'un verre d'eau offusque et condamne. Ils crieront, j'en ai peur, mais faisons en sorte que ce soit toujours à tort.

En quatrième lieu, je dirai : Ne nous donnons aucun repos jusqu'à ce que chez tous les buveurs l'abstinence totale ait amené *une transformation totale* et que celui qui est devenu abstinent de vin le devienne de tout péché connu. Travaillons à produire des fruits tellement exquis qu'ils ferment la bouche aux critiques. C'est ici évidemment le point capital.

Vous avez observé le phénomène qui se produit lorsqu'on retapisse partiellement une chambre. Par économie, vous n'achetez qu'un carré de papier neuf pour le coller à la place où les déchirures et les taches exigeaient impérieusement une réparation et vous avez dit : « le reste peut aller encore. » O honte! jamais la chambre n'a paru si malpropre! Ce seul carré de papier neuf fait ressortir de façon insupportable la saleté et la fadeur du reste... Et vous prenez la sage résolution de faire une dépense plus grande et de renouveler le tout.

Quelque chose de semblable se passe dans la « Croix bleue, » quand elle n'amène qu'à l'abstinence.

Un jeune pasteur, pieux et distingué, sollicité vainement d'entrer dans notre société, répondait : « J'aime l'abstinence, mais je n'aime pas les abstinents. » Il faut croire que ceux qu'il avait vus n'avaient pas fait honneur à leur drapeau. Ils avaient renoncé à la boisson mais pas eux-mêmes. Un petit carré de leur vie avait reçu le papier neuf, le fond était demeuré intact, et voici, l'abstinence avait donné un relief et un éclat nouveaux à leurs autres péchés.

Un jour, un pasteur du Jura bernois visite une femme dont le mari, buveur obstiné mais qui avait le vin plutôt aimable, venait de consentir à devenir abstinent. La femme ne répondait qu'avec froideur et contrainte aux félicitations du pasteur, et lorsque celui-ci lui demanda enfin pourquoi la transformation de son mari ne lui causait pas plus de joie, elle finit par lui répondre : « Si vous saviez comme il est devenu méchant depuis qu'il est converti! » Un converti méchant! Non, c'est impossible, mais un abstinent méchant, cela peut se rencontrer et cela s'est déjà vu. Quand le pécheur n'est qu'abstinent, cette vertu excuse, autorise et nourrit en lui ses autres péchés. Abstinent, il veut « faire honneur à ses affaires » et le voilà avare; il est content de lui, sa section le met un peu trop en avant, le voilà orgueilleux; sa gourmandise que la boisson ne satisfait plus prend sa revanche sur le manger; quand la soif revient, il se repent de sa repentance, et le voilà de mauvaise humeur; il est exigeant, jouisseur, tyran; le petit carré de papier neuf fait éclater et rend insupportable la malpropreté de tout le reste et l'on pourrait presque dire que « la condition nouvelle de cet homme est pire que la première. » Comment s'étonner, en présence de pareils fruits, de la sévérité de cette parole : « J'aime l'abstinence, mais je n'aime pas les abstinents ! »

O mes amis ! qu'un semblable jugement ne puisse plus jamais être répété ! Nos fautes, nos divisions, nos chutes et nos rechutes, nos compétitions pour les grades, nos critiques, nos murmures, nos inconséquences font plus de mal à la tempérance que les attaques de ses ennemis.

Par contre, rien ne la fait aimer et respecter comme l'apparition d'un abstinent devenu, dans toute la force du terme, *un régénéré*, un hommme transformé, une nouvelle créature, une création de Dieu.

S'il y a, dans une localité, seulement *un homme* de cette trempe là, je dis que la « Croix bleue » y est bien plantée, comme un arbre divin, et que « les portes de l'Enfer ne prévaudront pas contre elle. » La présence d'un abstinent chrétien authentique, vrai, indiscutable, vaut plus que dix conférences, même que dix conférences avec projections lumineuses, car ce seul homme est sur la toile du monde la projection lumineuse et vivante de l'amour et de la puissance de Dieu, si bien que tous ceux qui l'ont connu avant et qui le contemplent après sont obligés de dire : « Je ne sais si la « Croix bleue » est bonne ou mauvaise, mais je sais une chose, c'est que cet homme était aveugle et que maintenant il voit ! » Devant un tel miracle, celui qui reste froid et hostile révèle dans son âme le vieil esprit sadducéen.

J'arrive à mon dernier point. Il concerne *les rapports de la « Croix bleue » avec les Églises* et la méfiance qu'elle inspire à beaucoup de pasteurs au lieu de l'affection qu'ils devraient avoir pour elle.

« Votre tempérance, nous disent-il, n'est qu'un nid de sectaires : c'est le bouillon de culture du microbe de la dissidence... Voilà pourquoi nous n'en voulons pas ! »

La crainte de la dissidence, est pour beaucoup de pasteurs le commencement et la fin de la sagesse et par conséquent une des causes de leur désaffection pour la « Croix bleue. »

Je ne dis pas que ce soit la seule. Plusieurs appréhendent de s'aliéner, s'ils devenaient abstinents, tous ceux qui ne le sont pas. Les non abstinents, ce sera vraisemblablement toujours l'immense majorité; et dans cette majorité du nombre il y a souvent celle — infiniment plus redoutable ou attirante — de l'influence, de l'autorité et de l'argent. Quelques pasteurs ont parmi leurs paroissiens des hommes très honorables et même très pieux, qui sont intéressés directement ou indirectement dans le commerce des vins et même des alcools ; il est très probable — *quoique non prouvé* — que pour le pasteur, s'engager dans la « Croix bleue, » cela signifie se brouiller avec ces frères et perdre beaucoup de bons paroissiens pour en gagner d'autres qui ne les vaudront certes pas. J'ai dit que cette conséquence n'est pas certaine; le contraire, en effet, a déjà été constaté; mais pour le constater, il faut en avoir fait l'épreuve et c'est cette épreuve qui effraie. Contre cette crainte des pasteurs, nous n'avons à opposer que notre exemple, mais nous pouvons davantage pour vaincre la peur qu'ils ont de voir leur Église devenir « la proie de la dissidence, » et ce que nous pouvons, nous le devons car, je ne crains pas de le dire, tant que nos pasteurs n'aimeront pas la « Croix bleue, » elle végétera dans nos églises, puisque en cette matière, c'est un peu le cas de répéter la parole de Jésus-Christ : « Celui qui n'est pas pour nous — je n'ai pas dit nécessairement des nôtres — est contre nous. »

Comment faire pour gagner les pasteurs ? Deux choses, dont l'une nous concerne nous, et l'autre les concerne eux.

Je m'adresse donc tout d'abord aux membres de la « Croix bleue » et je leur dis : Tout homme peut être amené à changer d'Église. C'est toujours un droit et quelquefo. un devoir. Dans le domaine de la conscience nous devons être intransigeants. Ce droit imprescriptible, bien solidement établi, est-il toujours bon et utile de s'en prévaloir, et le devoir n'est-il pas parfois non ce qui plairait le plus à l'homme, mais ce qui lui plaît le moins? Je parle à un abstinent qui, après avoir changé de vie, croit devoir aussi changer d'Église et je lui demande : Est-ce bien ta conscience qui te dicte et qui t'impose ce changement? C'est vrai, tu ne te plais plus dans ton Église et une autre l'attire; dans la première tu es un peu négligé, dans l'autre tendrement choyé; dans la première on te méprise encore comme un ivrogne, dans l'autre on t'admire comme un miracle;

dans la première on ne croit pas à ta conversion, dans l'autre on la raconte; dans la première tu n'es rien, dans l'autre tu es tout; il te semble que dans la première il n'y aura jamais de salut et dans l'autre jamais de perdition pour toi et que, puisque « les choses vieilles sont passées et que toutes choses sont devenues nouvelles, » l'Église doit en être aussi. Ces considérations suffisent à te décider.

Permets-moi maintenant de te rappeler une chose qui, certes aussi, a sa valeur, et après avoir reconnu tes droits, de te parler un peu de tes devoirs.

Dans quelque Église que nous ayons été placés, je dis que chacun de nous a des devoirs à l'égard de cette famille et qu'il n'a le droit de la quitter — à moins qu'elle ne le chasse — qu'autant qu'il a rempli consciencieusement ses devoirs envers elle. Pendant longtemps, mon frère, tu as, par ta conduite, affligé, scandalisé, déshonoré ton Église; pendant longtemps tu n'as répondu à aucun de ses appels, profité d'aucune de ses grâces, combattu aucun de ses ennemis. Tu as une grosse dette à liquider et maintenant que Dieu t'a enrichi d'une grâce immense, tu vas la quitter sans payer et tu te crois quitte envers elle en l'affaiblissant, peut-être en la critiquant? Certes, ce que tu veux faire est plus facile que ce que je te propose; c'est difficile de glorifier Dieu au lieu même où on l'a déshonoré et d'être en exemple là où longtemps on a été en scandale; oui c'est plus difficile, mais c'est aussi plus salutaire et plus édifiant. Dieu veut que « toutes choses soient faites nouvelles, » mais n'est-ce pas précisément pour que ton Église soit une de ces choses, une Église renouvelée, qu'il lui donne en ta personne un membre renouvelé? Elle avait un membre sec; le Seigneur a-t-il guéri ce membre pour l'amputer, de manière que ce corps qui se croyait guéri se voie mutilé? Ta conscience t'ordonne de te joindre à une autre Église et d'y apporter en offrande ta nouvelle vie? Si c'est vraiment ta conscience qui parle j'y consens; mais je te dis : « va premièrement te réconcilier avec ton frère et puis viens présenter ton offrande. »

J'ai hâte de me tourner maintenant vers mes frères pasteurs qui, jusqu'à présent, boudent la « Croix bleue » et de leur dire amicalement ceci : « Je comprends toutes

5

vos craintes, je partage tous vos scrupules, j'ai connu vos hésitations ; autant et peut-être mieux que vous je connais les fautes, les lacunes, les maladresses, de la « Croix bleue ». Ces pages les ont assez loyalement dévoilées. Vous n'aimez pas notre œuvre et vous la craignez ? Voulez-vous me permettre de vous donner un secret souverain et à peu près infaillible de l'aimer ? Mon conseil est extrêmement simple : « *Entrez-y*. » Quand vous y serez votre crainte se changera en affection.

En effet, il en est de la « Croix bleue » comme des vitraux des cathédrales : pour en voir la beauté, il faut être non pas dehors mais *dedans*. Entre dans la Tempérance mon frère, fonde une section dans ton Église, prends-la en mains, donne-lui de ton temps, de tes peines et de tes prières ; entre dans la « Croix bleue, » sers-la avec amour, avec confiance, avec persévérance surtout... Et puis je t'attends et je sais à l'avance ce que tu me raconteras plus tard. Tu me diras en premier lieu que c'est seulement comme abstinent que tu as sondé la profondeur véritable et effrayante du mal... et puis tu me diras que ton ministère a été illuminé, rajeuni et vivifié et que tu as maintenant une toute nouvelle paroisse, une paroisse agrandie, élargie, embellie. Tel ivrogne qui n'était pour toi qu'un malfaiteur, une loque humaine, un péager, tu le vois avec d'autres yeux, tu as de l'espoir pour lui : il n'est plus pour toi un réprouvé et un ennemi, mais un client, un ami.

Je te dis que si tu y mets un peu de ton cœur et de ta vie, le Seigneur te répondra en mettant dans ton ministère tout son cœur et toute sa vie.

Il y aura encore une autre bénédiction. La « Croix bleue » t'avait séparé de tel ou tel collègue et par là t'avait fait sortir de l'alliance évangélique ; maintenant que tu y es entré, elle va te rapprocher de ton frère et ramènera dans ton cœur l'alliance évangélique.

Jadis, tu avais peur des succès de l'autre Église, parce qu'ils te semblaient remportés à tes dépens ; maintenant que la « Croix bleue » vous a unis, les succès de ton collègue sont les tiens. Il va se passer entre vous quelque chose de semblable à ce qui se vit lors de la pêche miraculeuse : la « Croix bleue » ramène aux Églises des hommes qui jamais n'y allaient, un pasteur en appelle un autre pour l'aider à tirer le filet et les deux barques se remplissent pour la joie des deux Églises et pour la gloire de Dieu. Mon frère, entre dans la Tempérance, entres-y à plein cœur et à pleines voiles et je te garantis que tu l'aimeras !

Réussirons-nous à faire aimer la « Croix bleue ? » Je l'espère, mais n'ose l'assurer. En France surtout, dans ce beau pays qui ressemble à une splendide grappe de raisin, elle demeurera toujours peu populaire et plus redoutée que recherchée. N'espérons pas voir de longtemps notre petite troupe devenir une multitude.

Qu'importe ? Dieu ne nous demande pas le succès mais la fidélité. A nous le travail, à lui la victoire !

PIERRE DIETERLEN.

L'ALCOOLISME ET LA TEMPÉRANCE

AUX COLONIES

Je suis venu à Saint-Étienne avant tout pour écouter,
m'instruire, m'édifier au contact d'hommes de devoir au
cœur vaillant et généreux dont le dévouement à la chose
publique et au bien public n'est plus à démontrer.

Malgré mon ardent désir de rester muet tout au moins
pendant quelques mois, je ne me suis pas senti le courage
de répondre par un refus à l'offre si aimable de votre zélé
secrétaire me proposant, à peine débarqué, de vous adresser
quelques mots (non pas un rapport, j'y insiste) sur l'Alcool
et la Tempérance aux Colonies. Il m'est doux de pouvoir
dire, et dire publiquement, à des compagnons d'armes, toute
la sympathie, que leur sainte croisade a éveillé dans mon
cœur depuis longtemps déjà.

LE MAL

Je ne vous apprendrai rien de nouveau, Messieurs, en
vous disant qu'aux Colonies comme en France, le plus
grand ennemi que nous ayons à combattre est *l'Alcool*. Il
exerce ses ravages sur tout le littoral africain et sur nos
lointaines plages de la Polynésie. Nègres et Polynésiens
s'enivraient avant d'avoir pris contact avec l'alcool des
blancs, mais comme l'alcool ne s'échappe pas — tel quel —
des entrailles de la terre, ils s'enivraient *moins facilement*
et plus rarement que de nos jours. « Pourquoi perdrions-

nous notre temps à abattre, écraser, amener à fermentation nos oranges; pourquoi arracherions-nous à grand'peine les racines du *ti* (1), au suc enivrant? pourquoi se lancer dans la fabrication de chaudières, cornues, réfrigérants si primitifs soient-ils, puisque la chrétienne Europe (et combien civilisée) nous apporte tant et de si excellents breuvages, tout en nous poussant à en faire la plus grande consommation possible. » Ainsi raisonne (ou à peu près) le peuple maori perdu au milieu du Pacifique.

« Pourquoi préparer de la bière de sorgho, du vin de palme et tant d'autres boissons, plus ou moins excitantes, quand nous pouvons avoir sans le moindre effort tout ce que les blancs ont de meilleur, rhum, gin, absinthe, etc... » Ainsi parlent les *pauvres* nègres établis sur tout le littoral africain et que toutes les nations européennes ont pris à cœur de civiliser!

Pauvres nègres! oui vous êtes assurément dignes de pitié! et vous aussi pauvres maoris océaniens, car vous êtes devenus *la proie* de vautours, qui s'acharnent sur vous, c'est le cas de le dire, *unguibus et rostro*. Et ce n'est pas d'Allemagne, de Hambourg seulement que partent ces vautours (ces marchands d'alcool) c'est aussi de notre France bien-aimée, qui non contente de s'alcooliser à l'intérieur de ses frontières, semble vouloir abrutir tous ses enfants d'adoption en Afrique, à Madagascar, à Tahiti et ailleurs encore. Pendant l'année 1900, il a été expédié par les seuls ports de Tonnay-Charente, Rochefort, La Palice, La Rochelle, 24.107.381 litres d'eau-de-vie! Il ne s'agit ici que d'expéditions effectuées par bateaux. Les trois ports sus-nommés sont trois ports français.

Quelques chiffres tirés de l'annuaire de la Guinée française se passent eux aussi de commentaires.

IMPORTATIONS EN GUINÉE

	pour 1898		pour 1899
Farine.....................	27.000 fr.	—	113.000 fr.
biscuit de mer................	52.000 fr.	—	89.000 fr.
sucre......................	61.000 fr.	—	93.000 fr.
Alcool et eaux-de-vie......	**205.587 fr.**	—	**573.757 fr.**

(1) Cette plante est appelée par les naturalistes le *dracœna terminalis*.

Puisque je parle de la Guinée, laissez-moi ajouter que bon nombre de transactions dans cet heureux pays se font au moyen de l'alcool; l'indigène apporte ses produits, et le blanc en échange lui donne du rhum ou de l'absinthe. Un de mes collègues me racontait tout dernièrement qu'après avoir réussi à parler quelques instants devant un auditoire de nègres et avoir essayé de réveiller en eux la voix de la conscience, ses auditeurs désireux sans doute de lui montrer qu'ils avaient bien compris, lui dirent : « Nous t'avons écouté, et maintenant donne-nous du rhum! »

Messieurs, je ne suis pas un pessimiste, j'ai l'habitude de fuir les généralisations qui portent souvent à faux, mais pour l'*Alcool* il me faut généraliser et dire que cette peste a dans *toutes* nos Colonies exercé ses ravages et *partout* semé la mort et la désolation. Comment ne pas rougir en étant obligé d'avouer que dans telle et telle de nos Colonies, la Fête de l'alcool coïncide hélas ! avec notre Fête Nationale. Pendant les 3 ou 4 jours que dure la Fête Nationale, « *la Loi est morte* » (ceux qui ont mission de l'appliquer, l'ont décidé ainsi) voies et chemins deviennent la propriété d'alcooliques en délire et c'est en vain que notre cerveau, sans doute trop obtus, s'efforce de chercher le lien qui peut bien exister entre le glorieux événement qui s'appelle la Prise de la Bastille, et la permission donnée à tous les amis de la bouteille, de s'enivrer, de s'abrutir, sans qu'ils aient à craindre les foudres de la Loi.

La bouteille de rhum et les piastres sont devenues les principaux facteurs des élections (il ne s'agit pas de la France, mais des Colonies et de celle que je connais plus particulièrement : Tahiti). On a vu aux dernières élections en 1899 tel candidat sans scrupules, sans conscience, faire 8 jours avant le scrutin, le tour des villages de Tahiti et acheter les voix d'électeurs à vendre avec des piastres et surtout de l'eau-de-vie.

Je n'ai pas besoin d'insister sur la *quantité* d'eaux-de-vie, d'alcools, importés dans nos Colonies; vous savez que ces importations se font sur une très vaste échelle; que dire de la *qualité* de ces alcools, alcools de grains ou de pommes de terre, que nos empoisonneurs publics trouvent moyen de vendre 1 fr. 50 ou 2 francs la bouteille en réalisant un gros bénéfice. L'exemple du gorille a été plus d'une fois cité : un de ces quadrumanes, mort en route et placé dans un baril de cette eau-de-vie se trouva, à l'arrivée, avoir perdu tous ses poils, comme si on l'avait brûlé avec une espèce de vitriol.

Tout cela pour vous dire, Messieurs, que nous avons contracté et contractons chaque jour, nous Européens, nous Français. une dette, dette énorme vis-à-vis de ces sauvages que nous avons la prétention de civiliser! C'est cette dette contractée par des compatriotes, que nous nous efforçons de solder, nous chrétiens protestants, nous missionnaires de Jésus-Christ ; le rouge de la honte nous monte au front quand les nègres d'Afrique ou les Maoris d'Océanie, nous demandent : « Quel est donc le « dieu » de ces hommes blancs, qui ne sortent jamais qu'accompagnés de bouteilles et de dames-jeannes d'eau-de-vie? serait-ce un dieu semblable à celui de nos pères? et alors que n'essayez-vous de les convaincre des vérités que vous nous apportez et qu'ils semblent ignorer absolument? »

La dette dont j'ai parlé, Messieurs, pèse de tout son poids sur nos consciences chrétiennes et c'est en la considérant en face que nous nous sentons pressés de nous appliquer la parole du Fils de l'homme : « Vous aussi de même, quand vous aurez fait tout ce qui vous est commandé, dites : Nous sommes des serviteurs inutiles, parce que nous n'avons fait que ce que nous étions *obligés* de faire. »

LE REMÈDE

Le mal fait — dans nos Colonies — par les prétendus agents de la civilisation est immense! Mais se croiser les bras et laisser faire, sous prétexte que le mal est trop grand et impossible à enrayer n'a jamais été notre devise. Nous avons agi, agi avec tout le zèle dont Dieu nous a rendus capables, lui abandonnant avec confiance à *Lui*, le Grand réparateur des brèches, le résultat de nos efforts.

Je ne vous dirai rien de *Madagascar*, où comme vous le savez, le général Galliéni lui-même s'est courageusement mis à la tête du mouvement antialcoolique et où les rava-

ges de l'alcool courent par conséquent la chance d'être
bientôt enrayés. Dieu le veuille !

A *Maré* (Iles Loyalti) M. le missionnaire Delord, note
quelques encouragements. Trente-six ivrognes ont pris la
résolution *de renoncer totalement* à la boisson et une section
de la « Croix bleue » a été fondée sous le titre de : *Nodei
Thu Kuni ;* ceux qui veillent. Une pétition pour l'interdic-
tion de la vente de l'alcool a réuni presque 3.000 signatures.

Messieurs, j'ai la joie de vous annoncer que ce que les
indigènes des Loyalti sont en voie d'obtenir des pouvoirs
publics, nos Tahitiens des Iles-sous-le-Vent l'ont déjà
obtenu. Depuis deux ans environ la vente de l'alcool a été et
reste interdite dans tout l'Archipel des Iles-sous-le-Vent
(comme du reste aux Marquises, et aux Iles Basses ou
Tuamotu). L'arrêté interdisant cette vente a été enregistré
par le Journal officiel de la Colonie. Il est signé du nom
d'un honnête homme, le gouverneur Gallet, auquel il m'est
doux de rendre un public et sincère hommage. M. le gouverneur Gallet, qui a tant fait pour le développement de
l'Instruction publique, du Commerce et de l'Agriculture à
Tahiti et dans les îles adjacentes, a droit à notre reconnaissance pour la sollicitude dont il a fait preuve à l'égard de
nos doux mais trop faibles Maoris. Il n'a pas craint de
s'exposer aux quolibets et à la haine des marchands d'alcool,
sachant bien que l'existence même de notre peuple tahitien
était en jeu.

Un bon arrêté peut être une bonne action, mais un trait
de plume suffit à l'annuler; aussi avons-nous cru devoir
pousser plus avant, en engageant nos amis à chercher en
eux-mêmes, au fond de leur conscience, cet impératif caté-
gorique, qu'ils ne seraient que trop portés à identifier avec
un texte de loi.

Depuis le 1er janvier 1900 nous avons à Raïatéa (Iles-
sous-le-Vent de Tahiti) une section de la « Croix bleue »,
section qui comptait au mois d'avril dernier une cinquan-
taine de membres actifs et une dizaine d'adhérents. Bien
que M. le pasteur Bianquis ne soit pas en chair et en os au
milieu de nous aujourd'hui (je sais qu'il y est en esprit)
vous me permettrez, Messieurs, de lui adresser les saluta-
tions bien cordiales de la « Croix bleue » de Raïatéa ainsi

quo les vœux sincères que forment tous nos amis, les abstinents des antipodes, pour le succès de son ministère à Madagascar. Si une section de la « Croix bleue » a été fondée dans notre Ile, c'est à lui en effet qu'est due cette fondation. A tout seigneur tout honneur.

Plusieurs alcooliques invétérés ont renoncé à leur boissoin favorite ; des jeunes gens qui commençaient à abuser de la bouteille ont signé pour plusieurs mois l'abstinence totale. Mais il faut, Messieurs, que je vous dise deux mots d'une recrue de marque, l'ancien roi de Raïaléa, Tahaa, aujourd'hui chef du 1er arrondissement des Iles-sous-le-Vent, chevalier de la Légion d'honneur et vice-président de notre section de la « Croix bleue. »

Vin, rhum, absinthe, tout lui était bon, j'entends par là qu'il avait fait de tous ces breuvages son habituelle nourriture. Pas de plus déplorable exemple que celui donné par ce roi à un peuple encore enfant et trop facilement corruptible.

Depuis bientôt deux ans *Tavana* est un buveur d'eau ; le poste officiel qu'il occupe, ses relations, les fréquentes visites qu'il reçoit de fonctionnaires ou autres ont été pour lui autant d'occasions de montrer son drapeau et, Dieu soit béni, il ne l'a pas caché. Les railleries d'esprits forts ne lui ont pas manqué, il les a endurées. Si je vous dis, Messieurs, que pour obtenir la signature de *Tavana* il m'a fallu moi-même franchir le Rubicon, la fondation de notre section de Raïatéa n'aura plus de secret pour vous.

Il ne saurait être question avec nos indigènes de Tahiti de simple tempérance, d'abstinence partielle ; l'abstinence totale est la seule sauvegarde de nos indigènes, de ceux j'entends que leurs goûts portent à l'alcoolisme ; ne leur prêcher que la modération serait le plus sûr moyen de les voir se replonger, à bref délai, dans l'ivrognerie.

Je vois, Messieurs, que je n'ai pas tenu parole ; j'avais promis d'être court et j'ai été long. Mon dernier mot sera un *sursum corda* ; oui, courage, amis de la « Croix bleue », mes frères aînés et mes frères cadets ! Courage et en haut les cœurs ! Répétons à propos de l'alcoolisme ce que le grand Livingstone disait à propos de l'esclavage : « Honneur à celui, quel qu'il soit, à quelque nationalité qu'il appartienne, qui prendra à cœur de bander cette plaie béante de l'Afrique » et, puisqu'il s'agit de l'alcoolisme, ajoutons de tous les continents.

Ne nous lassons pas, vous en France, nous aux Colonies françaises, de faire le bien, ne nous lassons pas de travailler au relèvement des alcooliques de tout sexe et de tout âge, dressons partout la « Croix bleue » si je puis ainsi dire et, pour avoir la force d'aller jusqu'au bout de notre tâche, ne perdons jamais de vue, amis, cette autre Croix, qu'aperçut dans une sublime vision le grand Constantin, et qui pour nous aussi sera le gage assuré, le symbole même de la victoire : *Hoc signo vincemus.*

G. BRUNEL,
missionnaire.

L'AFFICHAGE ANTI-ALCOOLIQUE

Ce n'est pas un Rapport que j'ai l'honneur d'envoyer au Congrès de la *Croix-bleue*, c'est une simple communication. En effet, sur le principe même, nous sommes tous d'accord; nous sommes tous persuadés que nous devrions publier, non pas 4 affiches par an, mais une par mois, pour ne pas dire une par semaine. Car il n'y a pas d'exagération concevable, il n'y a pas d'excès possibles, dans la propagande contre l'alcool.

Matériellement, l'entreprise est en bonne voie; elle comporte, actuellement, l'impression trimestrielle de 800 placards, et de 2500 réductions de ces placards, en format prospectus, pour la distribution. Je me permets de recommander ces feuillets de propagande. Pour un prix minime, toute société de tempérance peut prier l'éditeur (M. Aberlen, à Vals) d'en imprimer un certain nombre *avec la mention, au bas, du jour et de l'heure des réunions anti-alcooliques dans une localité donnée*. On a ainsi, tous les trois mois, 500 ou 1.000 invitations toutes prêtes; et l'on a la satisfaction, en les distribuant, de faire d'une pierre deux coups : on répand à la fois un tract contre l'alcool, et une réclame en faveur d'une société de tempérance. Mon collègue, le pasteur Gast, emploie ce système; et j'en use moi-même pour les réunions tenues à *la Solidarité* de Rouen.

Mes frais trimestriels s'élèvent environ à 143 francs, décomposés en quatre parties : 800 affiches, 2.500 réductions, 210 timbres à 0 fr. 18, et enfin l'affranchissement des envois aux abonnés. Du mois d'août 1900 au mois de juin 1901, mes dépenses ont été de 721 fr. 75 et mes recettes, de 660 francs. Soit un découvert de 61 fr. 75. Mais il faut noter que les abonnements échus ou en cours à l'heure actuelle jusqu'en avril 1902, s'élèvent à une somme très respectable et qui promet un boni assez fort.

Il faut considérer, aussi, qu'il reste en magasin un certain nombre d'affiches diverses (*Allez voir !* — *Savez-vous?* — *Avis de l'académie de médecine.* — *Primes au consommateur.* — *Exposition.* — *Un scandale à l'hôpital.* — *Que boire en été?* — *Aux ménagères.* — *Recette).* Il reste aussi quelques cents de réductions, et 4.000 brochures : *Pour la patrie.*

Je mets ici, à votre disposition, des spécimens de ces trois publications (placards, prospectus, brochures) afin de vous suggérer l'idée de m'aider à écouler le stock en magasin. Il serait grand temps que cette brochure : *Pour la patrie* disparût; car les affiches que j'ai publiées depuis son apparition, permettraient l'impression d'une autre brochure. Depuis quelque temps, je la fais envoyer à toutes les nouvelles sections de la Ligue Legrain dont je vois l'apparition dans le bulletin *l'Alcool.*

Je suis reconnaissant aux journaux religieux qui veulent bien reproduire le texte de nos affiches; néanmoins, je souhaiterais qu'ils joignissent la prudence du serpent à la simplicité de la colombe; car ces placards sont reproduits sans aucune indication de provenance ou de prix. Cela nous prive de clients éventuels.

Parlons maintenant des placards-images. Vous savez que j'ai eu le privilège d'obtenir du missionnaire et artiste Christol un beau placard que vous avez tous admiré. *L'alcool : voilà l'ennemi !* Cette entreprise n'a pas été une petite affaire. L'imprimeur, Berger-Levrault, de Nancy, après avoir prodigué les notes claires sur le dessin, m'a envoyé une note sombre quand il s'est agi de régler nos comptes : trois mille francs, sauf erreur. Grâce à des dons généreux qui ont complété les souscriptions, j'ai pu faire face à l'échéance, et je dois une reconnaissance très spéciale à notre ami M. Etienne Matter.

N'ayant ni le temps, ni les moyens, de lancer une seconde fois une entreprise de ce genre, je viens aujourd'hui vous proposer de prendre sous votre protection un nouveau projet d'affiche illustrée. Elle a le format des deux placards allongés, forme banderolle, que la maison Berger a publiés l'an dernier, et qui sont des chefs-d'œuvre en leur genre : l'une avec les mots : *L'absinthe rend fou;* l'autre avec les sentences : *L'alcool abrutit, l'alcool ruine, l'alcool tue.* Ces deux affiches, multicolores, coûtent 30 centimes pièce. Nous voilà loin du prix de l'affiche de Christol : 1 fr. 20.

Mais j'ai pensé qu'une affiche en noir et en blanc coûterait moins cher encore, et serait encore plus impressive. J'ai imaginé un fond de drap funèbre, sur lequel se détachent, simplement, un crâne de squelette et la formule : *L'absinthe c'est la mort*. Et j'ai fait établir un projet que j'ai l'honneur de vous soumettre.

J'espère que vous voudrez bien prendre ma demande en considération, et entrer en pourparler par l'intermédiaire de votre bureau, avec tel autre grand imprimeur d'affiches illustrées. *Je prends la liberté de proposer une délibération expresse du congrès sur ce point particulier.* L'écoulement d'un pareil placard est assuré d'avance ; et la *Croix bleue* rentrerait dans ses frais. Elle mettrait probablement quelque argent de côté pour servir à lancer un troisième placard illustré ; j'en ai déjà l'esquisse en main.

Avant de terminer, j'ajoute que la propagande par l'affiche doit se compléter par d'autres moyens aussi efficaces : *enveloppes* avec devises, *étiquettes* gommées, *cahiers* scolaires, etc. Vous savez que le Dr Legrain s'efforce d'obtenir l'autorisation de placarder une affiche type contre l'alcool dans tous les bureaux de poste. Même s'il échouait, il nous faudrait y pénétrer sous une autre forme ; par exemple, dans la poche des fumeurs ; on étudie en ce moment, je crois, un projet de *boîtes d'allumettes* anti-alcooliques. A Marseille, un des fervents amis de la *Croix bleue* projette, pour l'été prochain, des *éventails* anti-alcooliques ; là-bas, dans les grands cafés, on emploie des éventails de papier qui portent, naturellement, des réclames en faveur du poison. Dorénavant, on entendra l'autre cloche. Mais que ne peut l'ingéniosité dans le bon combat ? N'ai-je pas reçu, cet été, la visite d'un montreur de guignol, admis à faire jouer ses marionnettes dans les patronages scolaires, et qui en profite pour exhiber Polichinelle incapable de payer son loyer, parce qu'il a dépensé son argent en alcool ? « Ici, m'a dit l'artiste, je place un avertissement contre l'alcoolisme. » Touché par cette bonne volonté, je lui ai remis la brochure *Pour la patrie* qui l'a enchanté, et qui lui fournira de nombreux dialogues entre le Commissaire et Polichinelle.

Puisque nous parlons de propagande, il me semble que la *Croix bleue* pourrait étudier la confection d'un joli *signet*, à la fois évangélique et anti-alcoolique, dont l'emploi porterait nos principes dans toutes les familles protestantes françaises — car on le glisserait, discrètement, dans les Nouveaux Testaments des catéchumènes et dans les Bibles de mariage.

Mais je m'éloigne, décidément, du pot à colle. Et puisque je dois me borner à parler de l'affichage, il faut m'arrêter. Encore un mot seulement, aux pasteurs. Vous qui n'avez pas toujours à votre portée une œuvre d'assistance par le travail, et qui répugnez à donner purement et simplement la pièce blanche à un paresseux, offrez au quémandeur le moyen de gagner 20 sous en se promenant,... mais à la condition qu'il tiendra, au lieu de canne, un manche à balai adapté à une planchette oblongue sur laquelle vous aurez préalablement collé, par devant et par derrière, deux affiches anti-alcooliques. Vous aurez ainsi, à votre disposition, un homme-réclame; et l'ambition aidant, vous aurez peut-être, un jour, l'homme-sandwich.

WILFRED MONOD.

APPENDICE

Depuis que ces lignes sont écrites, j'ai trouvé dans le Bulletin *l'Alcool* (Sept. 1901, n° 9) un témoignage inattendu en faveur des affiches trimestrielles et de la brochure : *Pour la Patrie*. Je juge utile de le citer ici :

Exemple à suivre

Nous recevons d'un de nos membres la lettre suivante. C'est tout un programme facile à suivre, avec un peu d'énergie et de conviction.

J'ai fait l'an dernier, comme lieutenant de l'armée territoriale, une période de 13 jours de service militaire à X...

Au bout de 8 jours, j'ai fait apposer dans les chambrées des affiches anti-alcooliques. Au moment de me séparer de mes hommes, je leur ai offert de leur distribuer des brochures réunissant un certain nombre d'affiches en réduction. Comme M. W. Monod, qui avait été mon auxiliaire en cette affaire, n'avait pu me donner que quatre de ces brochures, j'ai promis d'en envoyer à tous ceux qui m'en demanderaient. J'ai eu la joie d'inscrire 25 noms sur 55 hommes placés plus directement sous mes ordres, et 110 environ dans la compagnie. Le second peloton de la compagnie m'a d'ailleurs fourni très peu de noms. J'ai été étonné de voir s'inscrire certains hommes auxquels je ne me serais pas attendu, un, entre autres, arrivé complètement gris le premier jour, et faisant alors du tapage. Un fait qui m'a fait grand plaisir, a été de voir le chef wattman d'un des réseaux de tramways de la ville, servant dans la compagnie comme simple soldat, me demander 70 de ces brochures pour les distribuer à tous ses subordonnés.

Enfin, je tiens à dire tout le bien que je pense de la propagande par les affiches anti-alcooliques, et notamment par les brochures qui en réunissent un certain nombre. En quelques mots typiques se gravant dans la mémoire et dans l'esprit, elles appellent l'attention beaucoup mieux que les dissertations, très intéressantes à coup sûr, mais un peu longues pour des hommes souvent presque illettrés.

Nous recommandons l'abstinence totale :

1° Aux *buveurs* qui veulent s'affranchir de leur passion, l'abstinence totale leur étant plus facile à observer que la modération, devenue presque impossible pour eux;

2° A ceux *qui sont exposés à le devenir*, soit par suite d'hérédité, soit à cause des tentations spéciales qui peuvent résulter pour eux du milieu où ils vivent (profession, entourage, tempérament, etc.);

3° Aux *personnes dévouées* et disposées à renoncer à l'usage des boissons alcooliques, pour montrer aux buveurs qu'on peut s'en passer, et pour les encourager par leur exemple à s'abstenir eux-mêmes.

. . . .

Formule d'Engagement

Je promets, avec l'aide de Dieu, de m'abstenir pendant _____ , à partir d'aujourd'hui, de toute boisson enivrante, sauf usage religieux ou ordonnance médicale.

A détacher et à envoyer à M. V. BROUX, agent général de la Société Française de Tempérance de la Croix-Bleue, 91, rue Secrétan, Paris 19me.

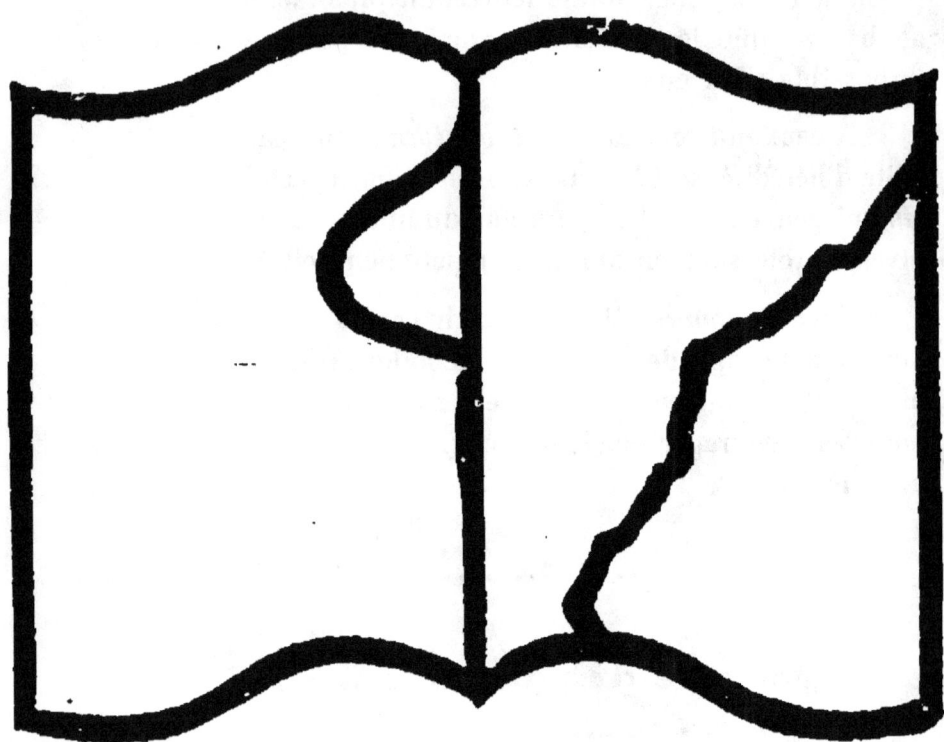

Texte détérioré — reliure défectueuse

NF Z 43-120-11

AGENCE
DE LA
Société Française de Tempérance de la « Croix-Bleue »
33, RUE DES SAINTS-PÈRES, PARIS

Et toutes les publications anti-alcooliques en langue française

Vals-les-Bains. — Imp. E. ABERLEN et Cⁱᵉ

www.ingramcontent.com/pod-product-compliance
Lightning Source LLC
Chambersburg PA
CBHW070855280326

41934CB00008B/1449